NÄH MIT!

Inhaltsverzeichnis

PHILA

Kinderleicht nähen

Nähen ist toll! Aus wunderschönen Stoffen, tollen Knöpfen und Bändern kannst du individuelle Dinge für dich oder deine Freunde und Freundinnen nähen. Einen trendigen Loopschal, ein cooles Schlampermäppchen oder flippige Frisbeescheiben – lass dich inspirieren! Mit ein wenig Übung bekommst du alle Modelle hin, selbst wenn du noch nie an einer Nähmaschine genäht hast. Du brauchst dafür nur etwas Fantasie und ein paar Grundtechniken des Nähens. Lies dir dafür zunächst das Kapitel „Nähen Schritt für Schritt" gut durch und übe die einzelnen Schritte, indem du den einfachen Vogel auf Seite 14 nähst. Vielleicht hast du sogar schon bei „Näh mit! die Kindernähschule" das Nähen gelernt und deinen Nähmaschinenführerschein gemacht. Dann kannst du gleich richtig loslegen.

Mit den Schritt-für-Schritt-Fotoanleitungen nähst du jedes Teil ganz einfach nach. Ausgefallene Knöpfe, ein Bügelmotiv oder stylische Bänder machen deine Modelle unverwechselbar. Probiere auch eigene Farb- und Musterkombinationen aus und werde so zum Designer oder zur Designerin!

Ich wünsche Dir viel Freude beim Nähen!

Deine

Ina Andresen

Neues aus der Kindernähschule

Du bist an der Nähmaschine schon ein wenig geübt und möchtest noch mehr Tricks und Kniffe erlernen? Hier bekommst du hilfreiche Tipps, z. B. zum Verschließen von Wendeöffnungen, Aufnähen von Klettverschlüssen und wie du am besten Bänder oder Gummis durch einen Tunnel ziehst. Aber auch, wenn du noch nie genäht hast, kannst du hier die wichtigsten Grundtechniken nachlesen und einüben.

Nähen Schritt für Schritt

Hier erfährst du alles über die wichtigsten Arbeitsschritte und Fachausdrücke beim Nähen. Lies dir immer zuerst alle Arbeitsschritte durch und befolge dann die Anleitung in der richtigen Reihenfolge. Benutze die Nähmaschine und das Bügeleisen immer nur mit Hilfe und unter Aufsicht eines Erwachsenen.

Bügeln

Vor dem Nähen sollten alle Stoffe gebügelt werden, damit sie schön glatt liegen.

Rechte und linke Stoffseite

Als rechte Seite bezeichnet man die schönere Stoffseite, die nach dem Nähen außen an dem Modell zu sehen ist. Die Rückseite des Stoffs ist die linke Seite.

Rechts auf rechts

Zwei Stoffteile werden mit den schönen Seiten aufeinandergelegt.

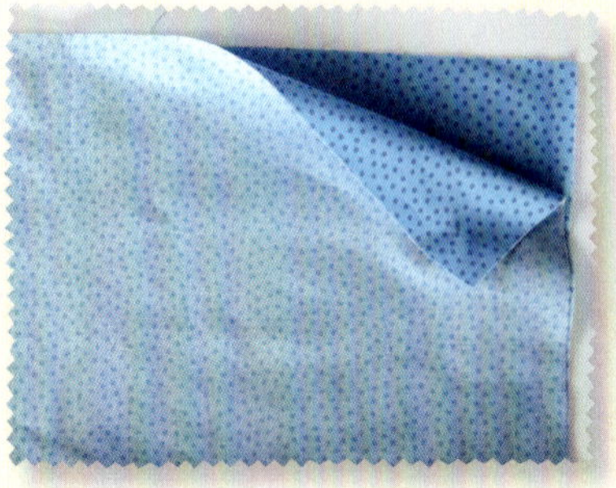

Stoffbruch

Wird der Stoff zusammengefaltet, heißt der Faltknick „Stoffbruch“.

Nahtzugaben

Eine Nahtzugabe ist der Stoffrand zwischen Naht und Schnittkante. Man braucht sie, damit die Naht nicht aufgehen kann.

Schnittmuster

Die Schnittmuster findest du auf dem Schnittmusterbogen am Ende des Buchs. Um sie benutzen zu können, legst du Pauspapier oder Butterbrotpapier auf das jeweilige Muster und paust die Linien einfach ab. Achte darauf, dass du alle Linien und Markierungen des jeweiligen Modells vom Schnittmusterbogen auf dein Pauspapier überträgst. Anschließend schneidest du das Schnittmuster mit einer Papierschere aus.

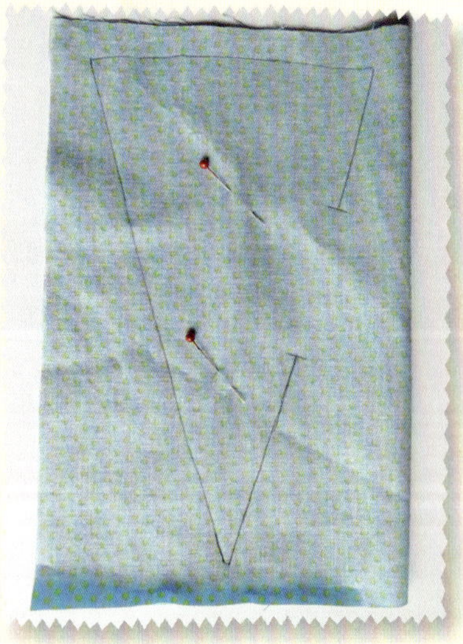

Folgende Bedeutung haben die unterschiedlichen Linien:

__________ Schnittkante

- - - - - - - - - Nahtlinie

.... Markierungslinie für Wendeöffnungen, zum Falten oder Bügeln

Manche Schnittmuster enthalten schon eine Nahtzugabe. Welche das sind, steht bei dem jeweiligen Schnittmuster auf dem Schnittmusterbogen („mit NZG“). Bei diesen kannst du den Stoff entlang der Schnittmusterkontur ausschneiden und dann weiter verarbeiten. Figuren wie z. B. Fuchs und Eule (Seite 90) enthalten keine Nahtzugabe („ohne NZG“). In diesem Fall überträgst du die Nahtlinie auf den Stoff, nähst die Teile zusammen und schneidest sie erst später aus.

Übertragen der Schnittmuster

Stecke das Schnittmuster mit wenigen Nadeln auf den Stoff, damit es beim Zeichnen nicht verrutscht. Umrande die Papiervorlage mit einem weichen Bleistift oder Schneiderkreide und übertrage auch die eingezeichnete Punkte und Markierungen. Nimm anschließend die Vorlage wieder ab.

Ausschneiden der Stoffteile

Schneide die Stoffteile entlang der Markierung aus. Wenn zwei Lagen gleichzeitig geschnitten werden, heftest du die Stoffe mit einigen Nadeln zusammen, damit sie nicht verrutschen.

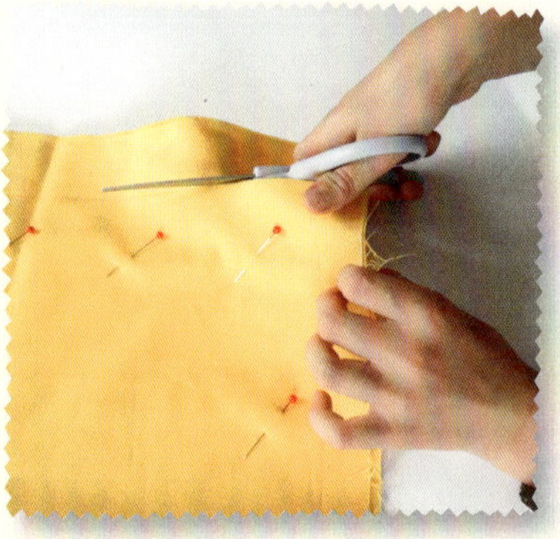

Aufzeichnen der Nahtlinien

Enthält dein Schnittmuster bereits 1 cm Nahtzugabe, kannst du dir auf dem Stoff die Nahtlinien mit 1 cm Abstand zur Schnittkante einzeichnen. Bei Schnittmustern ohne Nahtzugabe entspricht die Außenkontur der Nahtlinie.

Vlieseline aufbügeln

Um Stoffe etwas fester zu machen (z. B. beim Nähen von Taschen) oder sie zu wattieren, kann man Vlieseline aufbügeln. Vlieseline gibt es in vielen verschiedenen Stärken. Beachte beim Aufbügeln die Angaben des Herstellers.

Stofflagen mit Nadeln fixieren

Damit die Stofflagen, die du zusammennähen möchtest, beim Nähen nicht verrutschen, steckst du sie vorher mit Stecknadeln aufeinander. Bringe die Nadeln möglichst so an, dass du sie beim Nähen im Stoff stecken lassen kannst. An Kanten, die zusammengenäht werden sollten, steckst du die Nadeln quer zur Nahtlinie in den Stoff.

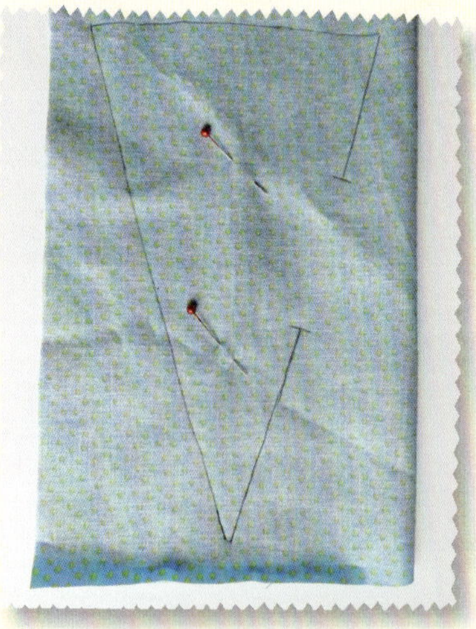

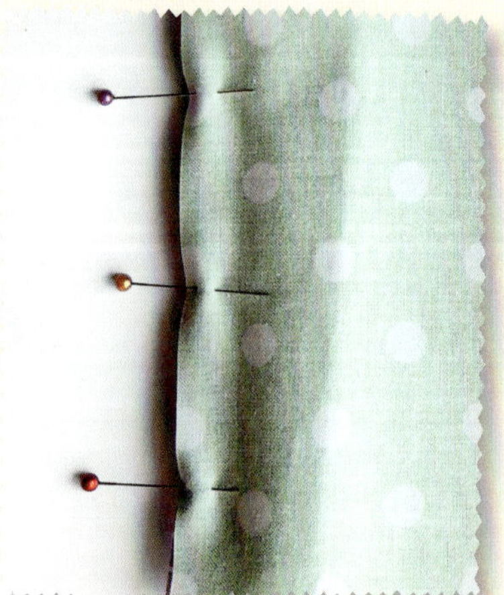

Arbeitsplatz

Um die Nähmaschine gut bedienen zu können, ist es wichtig, dass du im Sitzen mit den Füßen auf den Boden kommst. Rücke so weit an die Stuhlkante vor, bis du das Pedal gut erreichst. Tritt nur mit der Fußspitze auf das Pedal, um die Geschwindigkeit optimal zu steuern.

Nähen mit dem geraden Stich

Stelle zuerst den geraden Stich ein, indem du das entsprechende Programm an deiner Nähmaschine wählst. Als Stichlänge stellst du 2,5 mm ein. Lege nun die Stoffe unter das Nähmaschinenfüßchen und senke es ab, indem du den Füßchenhebel nach unten drückst. Halte den Stoff mit beiden Händen fest, um die Stofflagen zu steuern. Achte darauf, dass deine Finger nicht zu dicht an die Nadel kommen. Tritt vorsichtig auf das Pedal und los geht's!

Die Naht sichern

Am Anfang und Ende jeder Naht muss eine kleines Stück rückwärts genäht werden, damit die Naht nicht wieder aufgehen kann. Drücke dafür auf den entsprechenden Knopf oder Hebel deiner Nähmaschine und tritt vorsichtig auf das Pedal. Es genügt, jeweils drei Stiche rückwärts zu nähen.

Ecken nähen

Nähe bis zu dem Eckpunkt der Nahtlinie und drehe an dem Handrad, bis die Nadel im Stoff steckt. Das ist wichtig, damit der Stoff nicht verrutscht. Hebe das Füßchen und drehe den Stoff um 90 Grad. Dann senkst du das Füßchen wieder ab und nähst weiter.

Kurven nähen

Kurven lasse sich einfach nähen, wenn du eine kleine Stichlänge einstellst, etwa 1,5 mm. Manchmal musst du beim Kurvennähen den Stoff neu ausrichten. Drehe dazu an dem Handrad, bis die Nadel im Stoff steckt. So kann nichts verrutschen. Jetzt hebst du das Füßchen und richtest den Stoff aus. Dann senkst du das Füßchen wieder ab und nähst weiter.

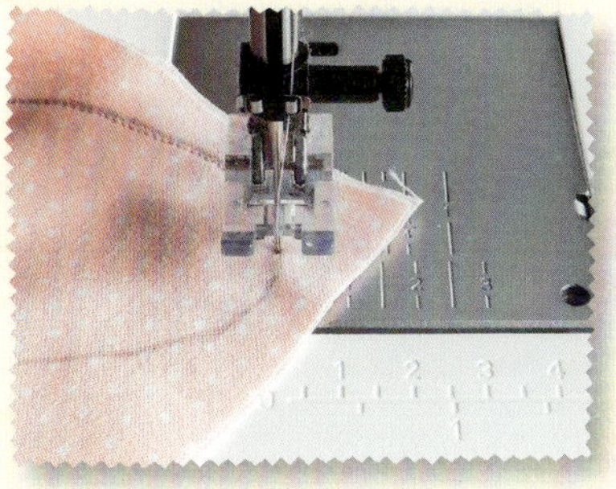

Nahtzugaben bei Ecken und Kurven

Damit dein Modell nach dem Wenden keine knubbeligen Ecken und Ränder bekommt und sich schön flach legt, schneidest du an Ecken die Nahtzugaben bis kurz vor der Naht schräg ab.

Bei spitzen Ecken schneidest du etwas mehr Zugabe schräg nach hinten weg.

In den Kurven schneidest du die Nahtzugaben mit einer kleinen spitzen Schere ein.

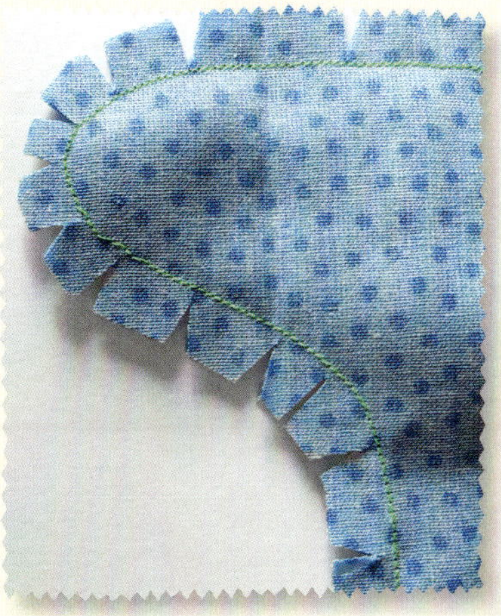

Füßchenbreit nähen

Hierbei liegt das Füßchen beim Nähen genau an der Kante des Stoffs.

Knappkantig nähen

Nähe so dicht wie möglich an der Modellkante entlang.

Nahtzugaben versäubern

Nähe mit breiten Zickzackstichen (Stichlänge 3 mm, Stichbreite 4 mm) entlang der Schnittkante. So kann die Nahtzugabe nicht ausfransen.

Bänder aufnähen

Gemusterte Bänder an beiden Rändern mit kleinen Zickzackstichen (Stichlänge 2 mm, Stichbreite 2 mm) festnähen. Einfarbige Bänder können auch mittig mit einer geraden Naht (Stichlänge 2,5 mm) aufgenäht werden.

Ausbügeln der Naht

Drücke die Nahtzugaben mit den Fingern auseinander und bügle mit dem Bügeleisen über die Naht.

Mit Watte füllen

Die Figuren werden mit Füllwatte ausgefüllt. Nimm nur wenig Watte auf einmal und beginne mit den Bereichen, die am weitesten von der Füllöffnung entfernt sind. In enge Stellen kannst du die Watte vorsichtig mit dem Ende eines Kochlöffels schieben.

Bänder durch einen Tunnel ziehen

Um ein Band oder einen Gummi durch einen genähten Tunnel zu ziehen, befestigst du eine Sicherheitsnadel am Anfang des Bandes oder Gummis. Schiebe die Nadel durch den Tunnel, das Band oder den Gummi ziehst du dabei automatisch hinterher.

Wendeöffnungen schließen

Wendeöffnungen kannst du knappkantig zunähen oder mit Handstichen schließen. Nähst du mit der Hand, stichst du die Nadel immer von der gleichen Seite durch beide Stofflagen (Überwendlichstich).

Knopf annähen

Fädle ca. 50 cm Nähgarn in eine Handnähnadel und lass ein Ende etwas länger herunterhängen. Verknote das längere Fadenende, damit der Faden nicht durch den Stoff rutscht. Stecke die Nadel von der linken Seite durch den Stoff und fädle den Knopf auf. Anschließend führst du die Nadel durch das zweite Loch zurück. Wiederhole den Vorgang drei- bis viermal und verknote zuletzt den Faden auf der Rückseite des Stoffs.

Warm-up an der Nähmaschine

Nicht nur für Anfänger eine gute Übung!

Du nähst zum ersten Mal? Dann lies dir die die Seiten 6–13 gut durch und probiere die einzelnen Schritte dort erst einmal mit einigen Stoffresten aus, bevor du diesen schönen Vogel nähst. Du bist kein Näh-Anfänger mehr? Dann versuche dein Können an diesem Modell. Hast du es geschafft, kannst du auch die anderen Modelle in diesem Buch nähen.

Grüner Vogel

- Baumwollstoff in Grün, 2 x 20 cm x 20 cm
- Baumwollstoff in Grün-Weiß gepunktet, 10 cm x 15 cm
- Nähgarn in Grün
- Filzreste in Schwarz und Weiß
- Textilkleber
- Füllwatte
- Litze in Hellgrün, 20 cm lang

Rosafarbener Vogel

- Baumwollstoff in Rosa-Weiß getupft, 2 x 20 cm x 20 cm
- Baumwollstoff in Pink-Rot getupft, 10 cm x 15 cm
- Nähgarn in Rosa
- Filzreste in Schwarz und Weiß
- Textilkleber
- Füllwatte
- Litze in Pink, 20 cm lang

Schnittmusterbogen A

1 Pause das Schnittmuster von der Vorlage ab und schneide es mit einer Papierschere aus.

2 Lege beide Stoffstücke für den Vogelkörper rechts auf rechts aufeinander. Die schönere Stoffseite ist die rechte Seite. Sie ist später die Außenseite des Vogels. Stecke das Schnittmuster mit drei Nadeln auf den Stoff und umrande es mit einem weichen Bleistift. Zeichne auch die beiden Markierungen für die Wendeöffnung ein.

3 Nimm das Schnittmuster ab und stecke die beiden Stofflagen in der Mitte mit drei Nadeln fest, so dass sie nicht verrutschen können.

4 Fädle das grüne Nähgarn in die Nähmaschine. Dann legst du die Stofflagen unter das Nähmaschinenfüßchen und senkst es ab.

5 Nähe den Vogel rundherum entlang der Linie zusammen. Die Wendeöffnung lässt du dabei offen. Achte darauf, an den Ecken die Nadel im Stoff stecken zu lassen, wenn du das Nähmaschinenfüßchen hebst, um die Stofflagen zu drehen. Senke das Füßchen wieder ab, bevor du weiternähst.

6 Anschließend schneidest du den Vogel aus. Lass dabei einen Stoffrand von ca. 1 cm Breite als Nahtzugabe neben der Naht und der Wendeöffnung stehen.

7 Schneide die Nahtzugabe an den Rundungen ein und wende den Vogel. Dazu drückst du die inneren, schönen Stoffseiten durch die Wendeöffnung nach außen. Bügle den Vogel. Schiebe dabei die Nahtzugaben der Wendeöffnung 1 cm nach innen und bügle sie mit.

8 Übertrage die Schnittvorlage für die Flügel zweimal auf den entsprechenden Stoff. Lege die Vorlage so auf, dass die Flügelspitze einmal nach links und einmal nach rechts zeigt. Schneide beide Flügel aus.

9 Schneide die Augen aus den schwarzen und weißen Filzresten aus und klebe Augen und Flügel mit Textilkleber auf.

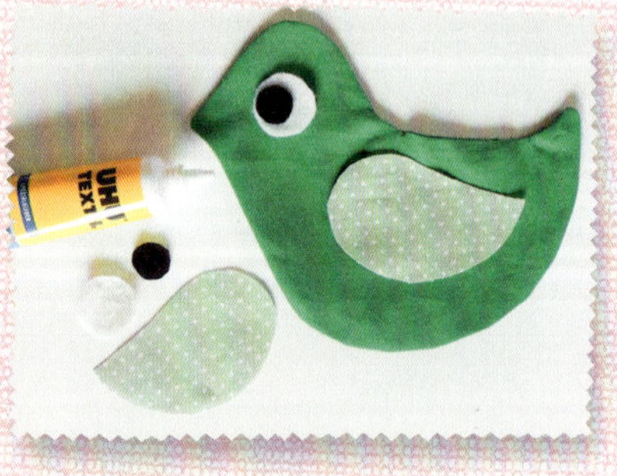

10 Jetzt stopfst du etwas Füllwatte in den Vogel. Nimm nur wenig Watte auf einmal.

11 Falte die Litze zu einer Schlaufe und schiebe die Enden in die Wendeöffnung. Nähe die Öffnung mit Handstichen zu. Und schon kann dein Vogel losfliegen!

Tipp

Hast du viele bunte Stoffreste? Aus ihnen kannst du noch mehr Vögel nähen. Dann hast du bald einen ganzen Schwarm und lernst dabei ganz nebenbei toll zu nähen.

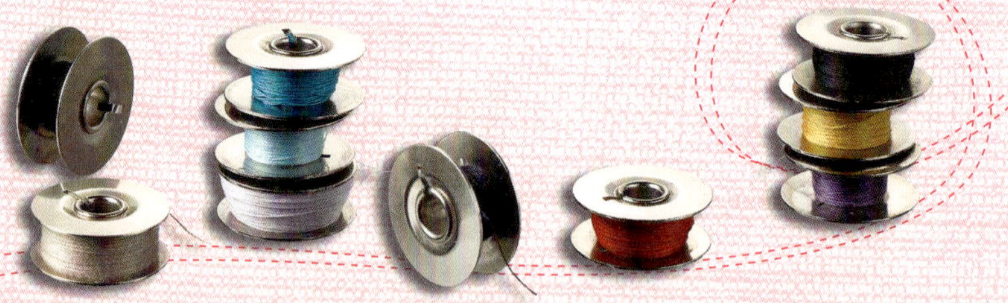

Los geht’s

Wie wäre es mit einem wunderschönen Nadeletui für deine Sammlung von Näh- und Stecknadeln? Oder hättest du gerne ein Handytäschchen, das einfach unverwechselbar ist? Wenn du etwas Ordnung in dein Zimmer bringen möchtest, dann ist sicher das Wandutensilo auf Seite 34 das Richtige für dich.

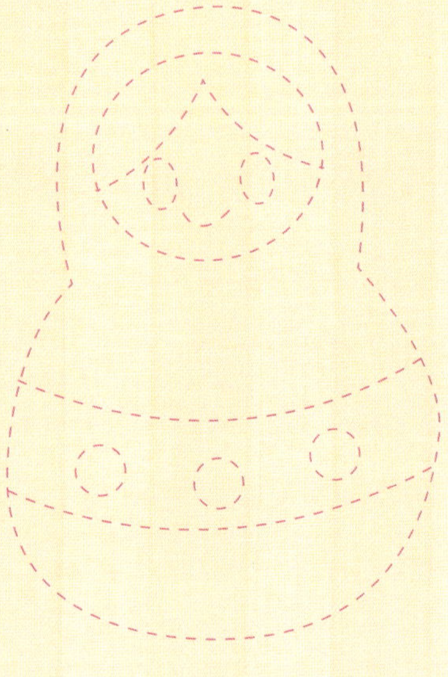

Dekoratives Nadeletui

Alles hübsch ordentlich im Nähkorb

Pilz

- Baumwollstoff in Grün-Weiß getupft, 2 x 13 cm x 18 cm
- Webband „Pilze", 20 cm lang
- Nähgarn in Gelb und Hellgrün
- Bastelfilz in Gelb, DIN A4
- Pilzknopf, ø 1,8 cm

Schmetterling

- Baumwollstoff in Hellgrün-Grün gemustert, 2 x 13 cm x 18 cm
- Webband „Schmetterling, Herz, Blume", 20 cm lang
- Nähgarn in Hellgrün
- Bastelfilz in Gelb, DIN A4
- 3 Schmetterlingsknöpfe, ø 1,5 cm

Pirat

- Baumwollstoff in Grün-Weiß kariert, 2 x 13 cm x 18 cm
- Litze in Orange, 20 cm lang
- Nähgarn in Grün und Orange
- Bastelfilz in Rot, DIN A4
- 3 Piratenknöpfe, ø 1,8 cm

1 Stecke das Webband bzw. die Litze ca. 3 cm entfernt von einer längeren Kante auf eine rechte Stoffseite. Das Band bzw. die Litze mit passendem Garn festnähen.

2 Lege die Stoffrechtecke rechts auf rechts. Nähe die Lagen mit 1 cm Nahtzugabe zusammen, lass dabei am unteren Rand eine Wendeöffnung von 5 cm.

3 Schneide die Nahtzugaben an den genähten vier Ecken ab und wende das Modell.

4 Jetzt kannst du das Nadeletui bügeln. Schlage dabei die Kanten an der Wendeöffnung 1 cm nach innen ein und bügle sie ebenfalls. Nähe die Wendeöffnung knappkantig zu.

5 Schneide zwei Rechtecke von 9 cm x 14 cm aus dem Bastelfilz und stecke sie übereinandergelegt mittig auf die Innenseite des Nadeletuis. Markiere die Mitte mit einem Bleistift und nähe alle Lagen entlang der Markierung zusammen.

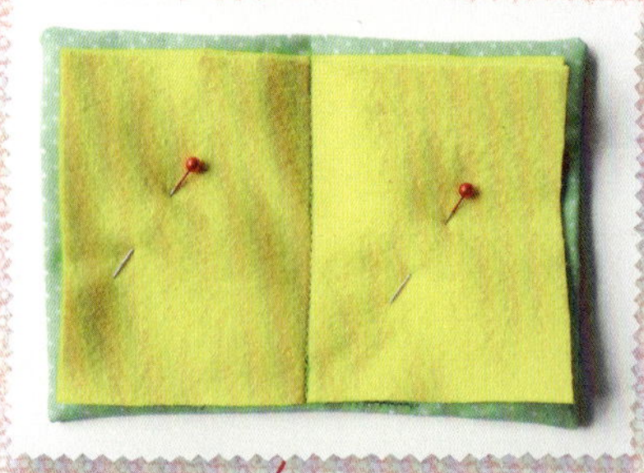

6 Nähe zum Schluss die Knöpfe auf.

Tipp

Mit dem Nadeletui kommt Ordnung in deinen Nähkorb. Du kannst darin alle deine Handnähnadeln aufbewahren. Praktisch, oder?

Bunte Wimpelkette

Für deine Geburtstagsparty

Wimpel in Rot, Grün und Gelb

- Baumwollstoff in Gelb-Orange getupft, 15 cm x 30 cm
- Baumwollstoff in Dunkelgrün-Grün getupft, 15 cm x 30 cm
- Baumwollstoff in Weiß-Rot getupft, 15 cm x 30 cm
- Garn in Gelb
- Kordel in Rot, ø 3 mm, 1,5 m lang

Wimpel in Rot und Weiß

- Baumwollstoffreste in Rot-Weiß gepunktet und kariert
- Garn in Weiß
- Kordel in Weiß, ø 3 mm, 1,5 m lang

Schnittmusterbogen A

1 Pause das Schnittmuster für die Wimpel vom Vorlagenbogen ab und schneide es mit einer Papierschere aus.

2 Lege das Schnittmuster dreimal auf jeden Stoff und umrande es mit einem weichen Bleistift. Lass die Spitze des Wimpels dabei einmal nach oben und zweimal nach unten zeigen, damit das Muster dreimal auf dem Stoff Platz hat. Schneide die Wimpel entlang der Umrandung mit einer Stoffschere aus.

3 Bügle die Zugaben für die Tunnel an den Wimpeln, durch die später die Kordel gezogen wird, entlang der gestrichelten Bügelmarkierung nach links um. Lass dir von einem Erwachsenen dabei helfen.

4 Nähe etwa 0,5 cm neben der Schnittkante der Tunnelzugabe beide Stofflagen zusammen. Nähe die anderen acht Wimpel genauso.

5 Jetzt kannst du die Wimpel auf die Kordel ziehen. Befestige dazu eine Sicherheitsnadel an einem Ende der Kordel und schiebe sie durch den Tunnel. Verknote anschließend die Enden der Kordel, damit sie nicht ausfransen.

Tipp

Du kannst die Wimpel auch aus vielen verschiedenen Stoffresten nähen, so wird deine Kette noch bunter.

Kleckern erlaubt!

Glasuntersetzer für den Tisch

Untersetzer in Gelb-Orange gepunktet

- Baumwollstoff in Gelb-Orange gepunktet, 2 x 12 cm x 12 cm
- Baumwollband in Grün, 1 cm breit, 8 cm lang
- Nähgarn in Orange

Untersetzer in Gelb-Orange geblümt

- Baumwollstoff in Gelb-Orange geblümt, 2 x 12 cm x 12 cm
- Baumwollband in Rot mit weißen Tupfen, 1 cm breit, 8 cm lang
- Nähgarn in Orange

Untersetzer in Rot-Orange gepunktet

- Baumwollstoff in Rot-Orange gepunktet, 2 x 12 cm x 12 cm
- Baumwollband in Hellgrün, 1 cm breit, 8 cm lang
- Nähgarn in Rot

1 Lege die Teile rechts auf rechts aufeinander. Falte das jeweils passende Band mittig und schiebe es ca. 3 cm entfernt von einer Ecke zwischen die Lagen. Die Schlaufe liegt dabei innen, die Schnittkanten liegen bündig mit den Stoffkanten.

2 Nähe die beiden Stoffe an der Seite mit dem Band und zwei weiteren Seiten des Untersetzers zusammen.

3 Schneide die Nahtzugaben an den genähten Ecken ab und wende das Modell.

4 Jetzt kannst du den Glasuntersetzer bügeln. Schiebe dabei die offenen Kanten 1 cm nach innen und bügle sie auch.

5 Nähe die Wendeöffnung knappkantig zu. Fertig ist dein bunter Glasuntersetzer!

Tipp

Wenn du Freunde zu Besuch hast und jeder einen anderen Glasuntersetzer bekommt, könnt ihr eure Gläser gut unterscheiden.

225
Peace
Love
Peace
Love

Kultverdächtige Handytasche

Die hat sonst keiner!

Matroschka

- Baumwollstoff in Rosa-Weiß getupft, 30 cm x 40 cm
- dünne Watte-Vlieseline (H630) zum Aufbügeln, 30 cm x 40 cm
- Bügelmotiv „Matroschka"
- 2 Herzknöpfe in Hellblau und Rot, ø 1,5 cm
- Nähgarn in Gelb

Peace

- Baumwollstoff in Weiß mit Schrift „Peace" und Mustern, 30 cm x 40 cm
- dünne Watte-Vlieseline (H630) zum Aufbügeln, 30 cm x 40 cm
- Nähgarn in Weiß

Fußball

- Baumwollstoff in Hellgrün-Grün gestreift, 30 cm x 40 cm
- dünne Watte-Vlieseline (H630) zum Aufbügeln, 30 cm x 40 cm
- Bügelmotiv „Fußball"
- Nähgarn in Grün

1 Berechne zuerst die Maße für deine Handytasche: Für die Breite des Stoffrechtecks addierst du zweimal die Breite deines Handys und einmal die Dicke des Handys und gibst 3 cm für Weite und Nahtzugaben dazu. Für die Höhe des Stoffrechtecks addierst du zweimal die Höhe deines Handys und einmal die Dicke des Handys und gibst wieder 3 cm für Weite und Nahtzugaben dazu.

2 Schneide aus dem Baumwollstoff und der Vlieseline je ein Rechteck mit den berechneten Maßen aus.

3 Bügle die Vlieseline auf die linke Seite des Baumwollstoffs. Lass dir dabei von einem Erwachsenen helfen.

4 Falte den Stoff rechts auf rechts, so dass die längeren Kanten des Rechtecks aufeinanderliegen. Markiere mit einem weichen Bleistift die Nahtlinie 1 cm von der langen Kante entfernt. Nähe entlang der Markierung.

5 Jetzt kannst du eine Hälfte des Stoffschlauchs nach rechts wenden. Schiebe die Stoffe so aufeinander, dass sie links auf links liegen. Es liegen jetzt vier Stofflagen aufeinander.

6 Markiere eine Nahtlinie mit 1 cm Abstand zu den Schnittkanten.

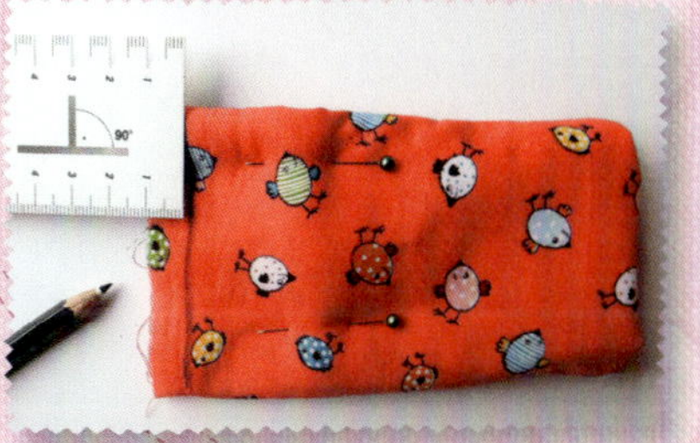

7 Nähe entlang der Linie und versäubere die Nahtzugaben mit großen Zickzackstichen. Wende das fertige Täschchen.

8 Zum Schluss verzierst du deine Handytasche, indem du Knöpfe aufnähst und ein Bügelmotiv aufbringst. Wenn du ein Webband anbringen möchtest, steckst du das Band nach Schritt 3 auf die rechte Seite des Stoffs fest und nähst es mit kleinen Zickzackstichen fest.

Filzkörbe in allen Größen

So macht Ordnung Spaß!

Gelber Korb

- Filz in Gelb, 4 mm stark, 40 cm x 40 cm
- Pomponband in Pink-Orange, 70 cm lang
- Nähgarn in Gelb und Pink

Türkisfarbener Korb

- Filz in Türkis, 4 mm stark, 28 cm x 28 cm
- Band in Orange-Türkis gepunktet, 1 cm breit, 50 cm lang
- Nähgarn in Türkis und Orange

Orangefarbener Korb

- Filz in Orange, 4 mm stark, 30 cm x 30 cm
- Litze in Gelb, 70 cm lang
- Nähgarn in Orange und Gelb

Schnittmusterbogen B

1 Pause das Schnittmuster von dem Vorlagenbogen ab und übertrage es mit einem Filzstift auf den Filz. Schneide das Filzkreuz entlang der Linie aus.

2 Übertrage die gepunkteten Markierungslinien von dem Schnittmuster auf den Filz.

3 Schneide das Pomponband in vier Stücke, die jeweils 2 cm länger als die markierte Linie sind.

4 Stecke die Bänder entlang der Markierungen auf den Filz, schlage die Enden dabei ein und stecke sie fest. Nähe die Bänder mit dem pinkfarbenen Garn und mit großen Zickzackstichen (Stichlänge 3 mm, Stichbreite 3 mm) mittig fest.

5 Falte den Filz so zusammen, dass jeweils zwei Kanten des Kreuzes aufeinanderliegen. Die Seiten mit den Bändern liegen dabei außen.

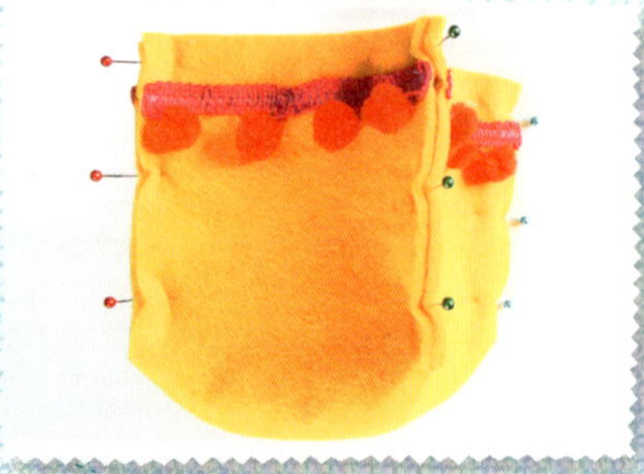

6 Nähe die Kanten jeweils mit 0,5 cm Abstand zu den Rändern zusammen. Stelle dafür an deiner Nähmaschine eine etwas größere Stichlänge ein (etwa 4 mm). Wenn die Nähmaschine die beiden dicken Filzlagen nicht gleich transportiert, kannst du sie zu Beginn etwas schieben.

12
87

Für Leseratten unverzichtbar

Buchzeichen helfen beim Schmökern

Frosch

- Baumwollstoff in Grün, 12 cm x 22 cm
- Froschknopf in Orange
- Litze in Gelb, 15 cm lang
- Nähgarn in Gelb und Grün

Smiley

- Baumwollstoff in Lila, 12 cm x 22 cm
- Smileyknopf in Hellgelb
- Band in Gelb-Petrol gestreift, 15 cm lang
- Nähgarn in Gelb und Lila

Eule

- Baumwollstoff in Hellblau-Blau getupft, 12 cm x 22 cm
- Eulenknopf
- Litze in Gelb, 15 cm lang
- Nähgarn in Gelb und Blau

Kirschen

- Baumwollstoff in Grün, 12 cm x 22 cm
- bezogener Knopf mit aufgestickten Kirschen
- Webband in Rot-Weiß getupft, 15 cm lang
- Nähgarn in Rot und Grün

1 Stecke das jeweils passende Band ca. 6 cm von der oberen schmalen Seite auf die rechte Seite des Stoffs. Fädle ein farblich passendes Garn ein und nähe das Band fest.

2 Jetzt faltest du den Stoff rechts auf rechts mittig längs zusammen. Das Band liegt dabei innen. Fädle Garn in der Farbe des Stoffs ein. Nähe die Stofflagen am oberen Rand und an der lange Seiten zusammen. Schneide die Nahtzugabe an der genähten Ecke ab.

3 Wende das Lesezeichen und bügle es. Schlage dabei die Nahtzugabe der Wendeöffnung 1 cm nach innen ein. Nähe die Wendeöffnung zu.

4 Zum Schluss nähst du einen schönen Knopf auf.

Tipp

Mit diesen tollen Lesezeichen entfällt lästiges Seitensuchen und du kannst sofort gemütlich in deinem Buch weiterlesen. Lesezeichen sind auch schöne Geschenke für Erwachsene.

Herzen, ganz anhänglich

Kleiner Liebesbeweis zum Verschenken

Herz in Rosa

- Baumwollstoff in Rosa-Weiß getupft, 18 cm x 30 cm
- Füllwatte
- 6 Perlen in Pink, Helllila und Lila, ø 1–1,5 cm
- Nähgarn in Rosa
- Stickgarn in Rosa
- spitze Sticknadel

Herz in Rot

- Baumwollstoff in Rot-Weiß getupft, 18 cm x 30 cm
- Füllwatte
- 5 Perlen in Grün, Rot und Natur, ø 1–1,5 cm
- Nähgarn in Rot
- Stickgarn in Rot
- spitze Sticknadel

Schnittmusterbogen A

1 Pause das Schnittmuster aus dem Vorlagenbogen ab und schneide es mit einer Papierschere aus.

2 Falte den Stoff mittig rechts auf rechts und fixiere die Lagen mit zwei Nadeln. Stecke das Schnittmuster auf und umrande es mit einem weichen Bleistift. Dann nimmst du das Schnittmuster wieder ab.

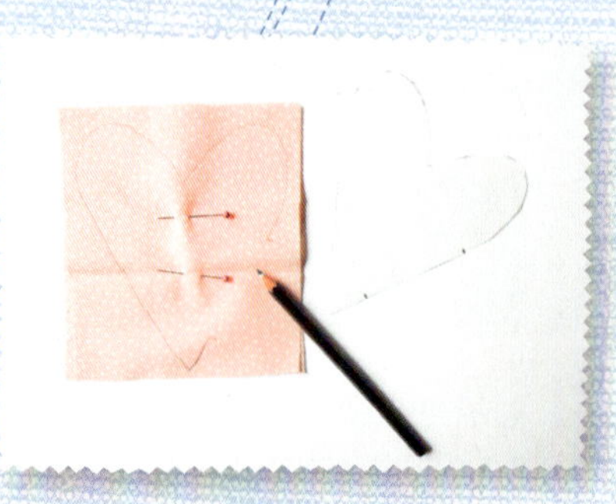

3 Stelle etwa 1,5 mm Stichlänge ein. So kommst du beim Nähen gut um die engen Kurven. Nähe das Herz entlang der Linie zusammen und spare die Wendeöffnung aus.

4 Schneide das Herz mit 0,5 cm Nahtzugabe aus. Knipse die Nahtzugaben an den Rundungen mit einer spitzen Schere ein und schneide sie an der Spitze schmal ab. Schneide die Nahtzugabe zwischen den Herzbögen bis genau zur Naht ein, damit sich das Herz gut wenden lässt.

5 Wende das Herz und fülle es mit Watte. Nimm immer nur wenig Watte auf einmal und fülle erst die Bögen aus, anschließend das restliche Herz.

6 Stecke die Wendeöffnung zu und schließe sie mit dem Stickgarn mit Handstichen.

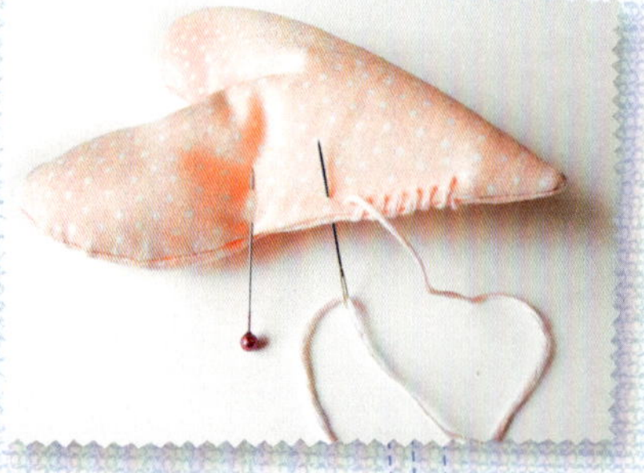

7 Fädle ein ca. 40 cm langes Stück Stickgarn in die Sticknadel und stich einmal zwischen den Bögen durch das Herz. Zieh an dem Garn, bis du auf beiden Seiten des Herzes gleich lange Garnstücke hast. Fädle beide Garnenden durch die Nadel und ziehe die Perlen auf. Zum Schluss verknotest du die Garnenden miteinander.

Tipp

Du kannst deine Herzen auch mit Knöpfen oder Strasssteinen verzieren. Dann werden sie noch bunter.

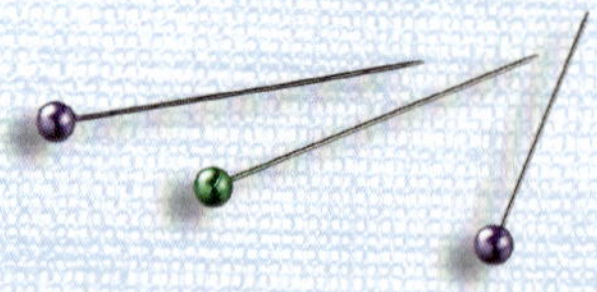

Räumt auf

Wandutensilo mit großen Fächern

Flugzeug

- Baumwollstoff in Grün, 32 cm x 40 cm
- Baumwollstoff in Rot, 32 cm x 40 cm
- Filz in Blau, 5 mm stark, DIN A3
- Baumwollband in Rot, 1 cm breit, 30 cm lang
- Rundstab, ø 6 mm, 43 cm lang
- 2 Holzkugeln mit Loch, ø 2,5 cm
- Acrylfarbe in Rot und Grün
- Kordel in Blau, 1 m lang
- Bügelmotiv „Flugzeug"

1 Falte die Stoffrechtecke längs rechts auf rechts, so dass die 32 cm langen Kanten aufeinanderliegen. Nähe die Lagen an den Längskanten zusammen. Wende die Stoffteile und bügle sie. Schlage dabei die Nahtzugaben an den Schmalseiten jeweils 1 cm nach innen ein und bügle sie mit.

2 Jetzt kannst du die Stoffteile auf den Filz stecken. Die Kante des unteren Stoffteils kommt direkt auf die untere Kante des Filzes. Das zweite Teil steckst du mit etwas Abstand zur oberen Kante auf.

3 Nähe die Taschenteile an den Seiten und den unteren Kanten knappkantig fest, dabei werden die Wendeöffnungen automatisch geschlossen.

4 Jetzt kannst du entscheiden, wie groß die einzelnen Taschen werden sollen. Markiere dir dafür mit Schneiderkreide oder einem Trickmarker Linien auf den Stoffen. Nähe entlang der Linien.

5 Bügle das Flugzeug nach Herstellerangaben auf eine der Taschen auf.

6 Für die Aufhängung schneidest du das Baumwollband in drei 10 cm lange Stücke. Falte die Bänder zu Schlaufen und stecke sie unter die obere Kante des Filzes. Nähe die Bänder mit großen Zickzackstichen fest.

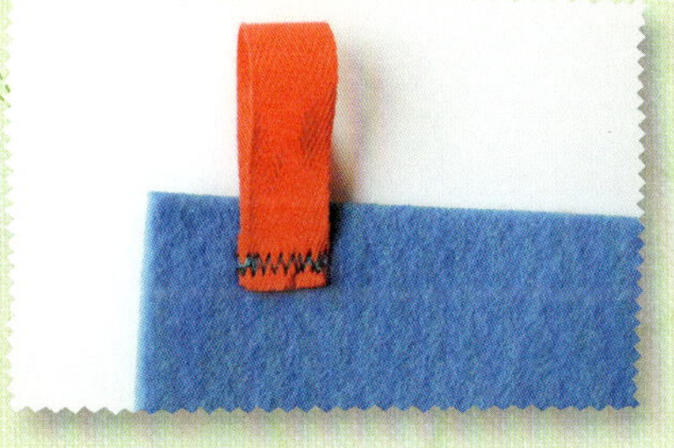

7 Jetzt kannst du den Stab und die Kugeln mit Acrylfarbe bemalen. Alles gut trocknen lassen.

8 Ziehe anschließend den Holzstab durch die Schlaufen und stecke die Kugeln auf die Enden des Stabs. Du kannst sie mit etwas Holzleim fixieren.

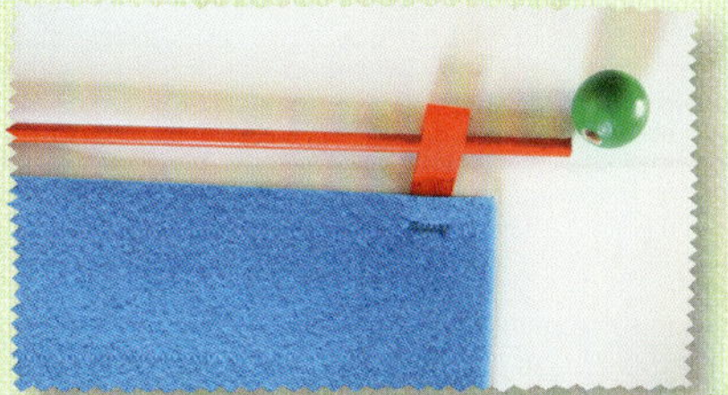

9 Knote jetzt das lange Band an den Holzstab.

10 Dein fertiges Utensilo kannst du mit einem Nagel an die Wand hängen. Lass dir von einem Erwachsenen dabei helfen. Viel Spaß beim Befüllen!

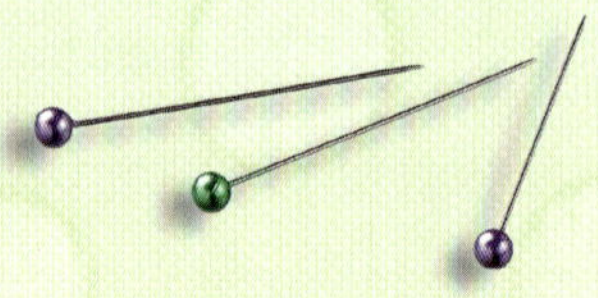

Utensilo aus rosafarbenem Stoff

Rosa

- Stoff in Pink, 45 cm x 70 cm
- Stoff in Hellrosa-Rosa gepunktet, 2 x 32 cm x 40 cm
- Vlieseline, 45 cm x 70 cm
- Baumwollband in Rosa, 1 cm breit, 30 cm lang
- Rundstab, ø 6 mm, 43 cm lang
- 2 Holzkugeln mit Loch, ø 2,5 cm
- Acrylfarbe in Blau
- Kordel in Pink, 1 m lang
- 7 Häkelspiegel, ø 2 cm
- Schmucksteinkleber
- 2 Häkelrosetten in Blau und Weiß, ø 4 cm
- Band in Rosa und Blau, 30 cm lang

1 Statt aus Filz kannst du die Rückwand des Utensilos auch aus Stoff nähen. Den musst du dann aber mit Vlieseline verstärken. Für das rosafarbene Utensilo bügelst du zuerst die Vlieseline auf die linke Seite des pinkfarbenen Stoffs.

2 Falte dann den Stoff mittig rechts auf rechts, so dass die 45 cm langen Kanten aufeinanderliegen.

3 Nähe die Stofflagen rundherum zusammen, lass dabei eine Wendeöffnung von 10 cm. Schneide die Nahtzugaben an den Ecken ab und wende den Stoff. Schneide die Wendeöffnung knappkantig ab und nähe sie zu.

4 Arbeite weiter wie in der Anleitung oben in Schritt 1 bis 8 beschrieben.

5 Zuletzt klebst du mit dem Schmucksteinkleber die Häkelspiegel auf und nähst die Häkelrosetten mit Handstichen fest.

Gelb-Orange mit Punkten

- Baumwollstoff in Orange-Rot gepunktet, 2 x 32 cm x 40 cm
- Filz in Orange, 5 mm stark, DIN A3
- Baumwollband in Orange, 1 cm breit, 30 cm lang
- Rundstab, ø 6 mm, 43 cm lang
- 2 Holzkugeln mit Loch, ø 2,5 cm
- Acrylfarbe in Orange und Rot
- Kordel in Gelb, 1 m lang

Noch mehr Ideen!

In diesem Kapitel wird's bunt: Lustige Hühnchen in verschiedenen Farben gackern durcheinander, Freundschaftsbänder in allen Lieblingsfarben warten auf dich und freundliche Monsterzwerge wollen deine Freunde werden. Leg los!

Gestatten: Nadelbert!

Er steht auf Akupunktur

Material

- Baumwollstoff in Blau-Hellgrün getupft, 28 cm x 35 cm
- Nähgarn in Blau
- Trickmarker oder Schneiderkreide
- Füllwatte
- Rest Pappe, 2 mm stark
- Stein, ca. 3 cm x 4 cm x 4 cm
- 2 Wackelaugen in Oval, 1,2 cm x 1,8 cm
- Pompon in Schwarz, ø 5 mm
- Bastelkleber

Schnittmusterbogen A

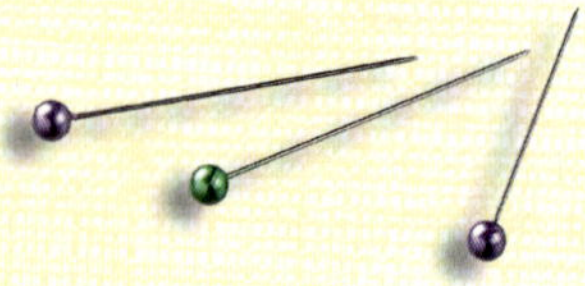

1 Pause das Schnittmuster aus dem Vorlagenbogen ab und schneide es mit einer Papierschere aus.

2 Falte den Stoff rechts auf rechts, so dass die 28 cm langen Kanten aufeinanderliegen, und fixiere die Stofflagen mit einigen Nadeln. Stecke das Schnittmuster auf den Stoff und umrande es mit einem weichen Bleistift, markiere dabei die Wendeöffnung. Nimm das Schnittmuster wieder ab.

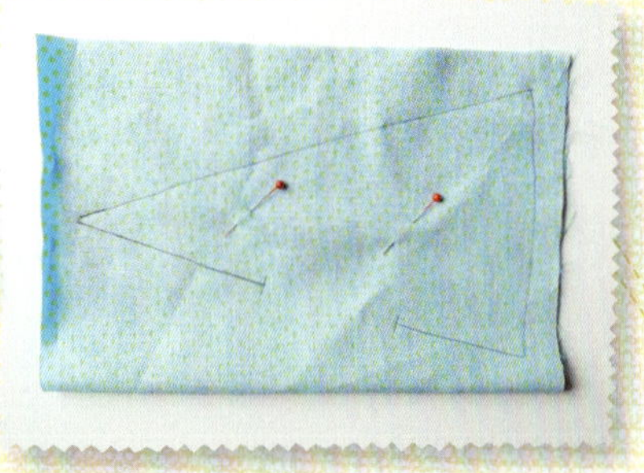

3 Nähe entlang der Markierung, spare dabei die Wendeöffnung aus.

4 Jetzt kannst du das Modell mit 1 cm Nahtzugabe ausschneiden. Schneide die Nahtzugaben an der oberen Spitze schmal ab.

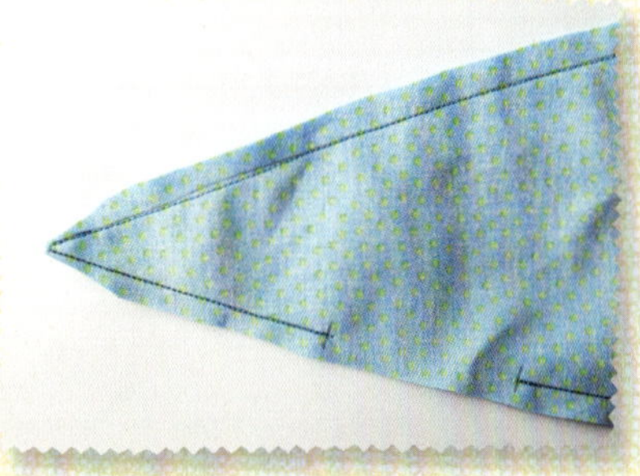

5 Jetzt nähst du den Boden, damit der Nadelbär stehen kann. Lege dafür die Seitennähte auf die Bodennähte und fixiere die Stofflagen mit Nadeln. Markiere jeweils 3 cm entfernt von den genähten Ecken eine Querlinie.

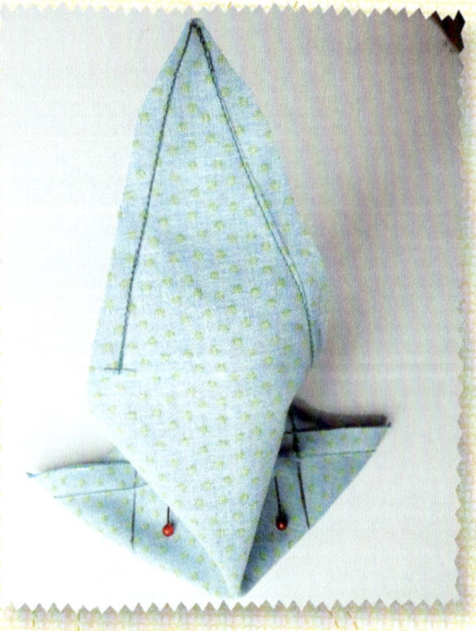

6 Nähe entlang der Linie. Schneide dann die Ecken mit 1 cm Nahtzugabe ab und wende den Nadelbär.

7 Übertrage die gepunktete Markierungslinie aus dem Schnittmuster mit einem Trickmarker oder Schneiderkreide auf das Modell und nähe die Stofflagen entlang der Markierung zusammen. So wird der „Kopf" vom Körper abgetrennt.

8 Schneide aus der Pappe ein Quadrat von 5 cm x 6 cm und lege es als Boden in den Nadelbären.

9 Lege den Stein auf die Pappe, dann kippt der Bär später nicht so leicht um.

10 Jetzt kannst du den Nadelbär fest mit Füllwatte ausstopfen. Stecke die Wendeöffnung zu und schließe sie mit Handstichen.

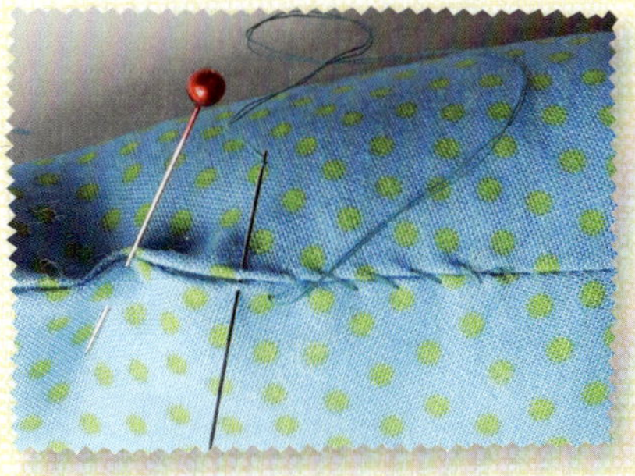

11 Klebe zuletzt die Wackelaugen und die Pompon-Nase mit Bastelkleber auf.

Buntes Treiben im Hühnerhof

Nur gackern musst du selber!

Material

- Baumwollstoff in Rosa-Weiß getupft, 30 cm x 15 cm
- Nähgarn in Rosa
- Bastelfilzreste in Weiß, Schwarz, Rosa, Lila und Gelb
- Bastelkleber
- Knopf in Weiß mit schwarzen Pünktchen, ø 1,5 cm
- Knopf in Weiß mit schwarzen Streifen, ø 1,5 cm
- Reis zum Füllen

Schnittmusterbogen A

1 Schneide aus dem weißen und schwarzen Filz mit Hilfe des Schnittmusters je zwei Augenkreise. Aus dem rosafarbenen Filz schneidest du zwei größere Kreise und knipst sie rundherum ein. Den Kamm schneidest du aus lilafarbenem Filz und den Schnabel aus gelbem Filz.

2 Falte das Stoffrechteck rechts auf rechts, so dass die 15 cm langen Kanten aufeinanderliegen. Stecke an einer Ecke wie auf dem Foto abgebildet den Kamm und den Schnabel mittig gefaltet zwischen die Stofflagen.

3 Nähe die beiden Stoffseiten, an denen Kamm und Schnabel stecken, zusammen. Falte anschließend die offene Kante so, dass die Naht mit dem Kamm senkrecht auf ihre Mitte trifft. Von der Naht ausgehend nähst du eine Hälfte der Stofflagen zusammen.

4 Jetzt markierst du an der Stoffspitze eine Querlinie mit ca. 3 cm Abstand zur Spitze. Achte darauf, dass du nicht die Spitze mit Kamm und Schnabel erwischst. Nähe entlang der Markierung und schneide die Nahtzugabe danach auf 1 cm zurück.

5 Wende das Huhn und fülle es durch die Wendeöffnung etwa zur Hälfte mit Reis. Bitte einen Erwachsenen oder einen Nähfreund, dir beim Befüllen zu helfen.

Tipp

Du hast Stoffreste in allen möglichen Farben und Mustern? Näh einfach noch ein paar mehr Hühner. Sie eignen sich besonders gut als Ostergeschenk!

6 Lege das Huhn vorsichtig, damit der Reis nicht herausfällt, mit der Wendeöffnung unter das Nähfüßchen und nähe die Öffnung knappkantig zu.

7 Jetzt kannst du die Augenteile aus Filz aufkleben.

8 Zuletzt nähst du von Hand die beiden Knöpfe auf das Hinterteil.

Für Freundinnen

Genähte Armbänder

Armband in Türkis

- Baumwollstoff in Türkis-Weiß gepunktet, 5 cm x 20 cm
- Litze in Hellgrün, 20 cm lang
- Nähgarn in Türkis und Hellgrün
- Armbandverschluss für Stoff in Silber, 1,5 cm breit
- Schmucksteinkleber
- Flachzange

Armband mit Sternen

- Baumwollstoff in Pink, 5 cm x 50 cm
- Baumwollband in Hellgrün mit pinkfarbenen Sternen, 1 cm breit, 50 cm lang
- Nähgarn in Pink und Hellgrün
- Armbandverschluss für Stoff in Silber, 1,5 cm breit
- Schmucksteinkleber
- Flachzange

Armband in Türkis

1 Falte den Stoff längs rechts auf rechts und fixiere die Lagen mit Nadeln. Zeichne mit 1 cm Abstand zu den Schnittkanten die Nahtlinie auf. Fädle das türkisfarbene Garn ein und nähe die Stofflagen entlang der Linie zusammen.

2 Stecke eine Sicherheitsnadel in die Nahtzugaben an einem Ende des Stoffschlauchs. Zieh jetzt mit Hilfe der Sicherheitsnadel den Stoff durch den Tunnel, so dass die schönen Seiten außen liegen.

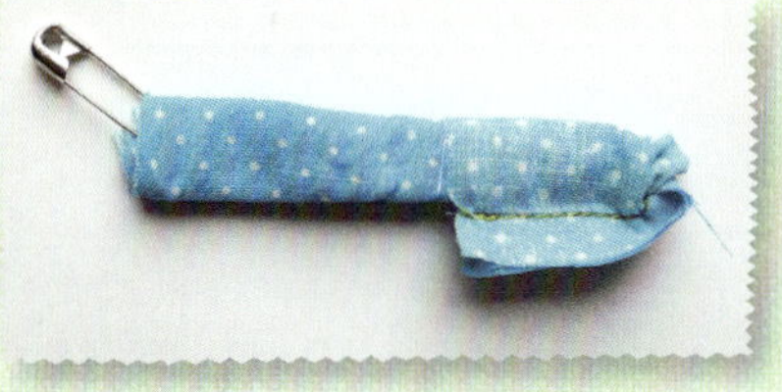

3 Bügle das Armband so, dass die Naht auf einer Seite mittig liegt.

4 Anschließend steckst du die Litze mit Nadeln direkt über der Nahtlinie auf das Armband. Fädle als Oberfaden das hellgrüne Garn ein und nähe die Litze mittig mit geraden Stichen fest.

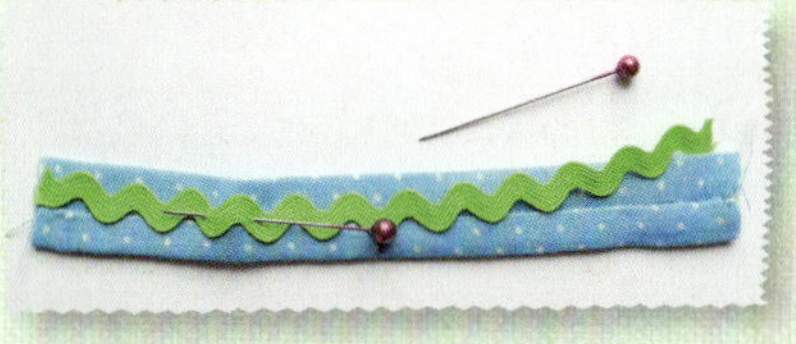

5 Miss nun an deinem Arm aus, wie lang das Armband werden soll. Kürze das Armband entsprechend, wenn es zu lang ist.

6 Zuletzt bringst du den Armbandverschluss an. Gib einen Tropfen Klebstoff in die Verschlussklammern und klemme diese mit der Zange über den Enden des Armbandes fest.

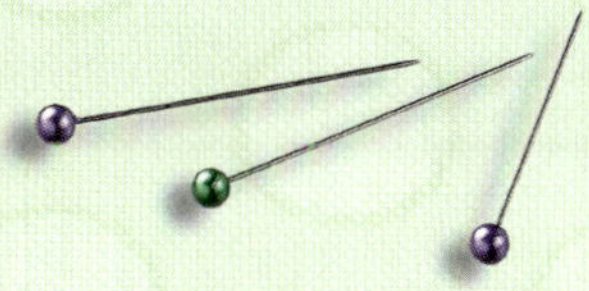

Armband mit Sternen

Das Armband mit Sternen arbeitest du wie das Armband in Türkis. In Schritt 4 nähst du jedoch das Band an beiden Kanten mit kleinen Zickzackstichen (Stichbreite 2 mm, Stichlänge 2 mm) fest.

Armband mit Buchstabenknöpfen

Armband mit Buchstaben-knöpfen

- Jeansstoff in Leinwandbindung in Blau, 3 cm x 20 cm
- Buchstabenknöpfe, ca. 2 cm lang
- Baumwollband in Blau mit rosa Stickstreifen, 1 cm breit, 20 cm lang
- Nähgarn in Hellblau und Pink
- Armbandverschluss für Stoff in Silber, 1,5 cm breit
- Schmucksteinkleber
- Flachzange

1 Franse die beiden Längsseiten des Rechtecks aus Jeansstoff auf ca. 8 mm Breite aus, indem du einzelne Fäden aus dem Gewebe herausziehst.

2 Stecke das Baumwollband auf den mittleren Teil des Jeansstreifens und nähe es an beiden Rändern mit kleinen Zickzackstichen fest.

3 Nähe nun die Buchstabenknöpfe auf.

4 Arbeite weiter wie bei dem türkisfarbenen Modell in Schritt 5 und 6.

Armband in Pink mit Knöpfen

Armband in Pink mit Knöpfen

- Baumwollstoff in Pink-Rot getupft, 12 cm x 25 cm
- 9 Blumenknöpfe in Gelb, Weiß, Grün, Lila und Pink, ø ca. 1,5 cm
- Nähgarn in Pink
- Druckknopf in Silber, ø 1 cm

1 Arbeite wie bei dem türkisfarbenen Band in Schritt 1 und 2.

2 Bügle dann das Armband so, dass die Naht an einer Längskante liegt. Schlage die Enden jeweils 1 cm nach innen ein und bügle sie. Nähe die Öffnungen an den Enden knappkantig zu.

3 Miss, wie lang das Armband werden soll, und nähe die Knöpfe und den Druckknopf mit Handstichen fest. Stich für den Druckknopf jeweils mehrmals durch die Öffnungen, damit er schön fest sitzt. Achte darauf, je einen Teil des Druckknopfs auf die Vorder- und den anderen auf die Rückseite des Armbands zu nähen.

Armband in Patchwork

- Baumwollstoff in Grün-Weiß getupft, 5 cm x 25 cm
- Baumwollstoff in Lila-Weiß kariert, 5 cm x 25 cm
- Baumwollstoff in Rosa-Weiß getupft, 5 cm x 25 cm
- Nähgarn in Lila
- Magnetverschluss zum Annähen

Armband in Patchwork

1 Nähe die Stoffe an den Schmalseiten zusammen.

2 Nähe und wende das Armband wie bei dem türkisfarbenen Band in Schritt 1 und 2 beschrieben.

3 Bügle das Armband so, dass die Naht an einer Längskante liegt. Schlage die Enden jeweils 1 cm nach innen ein und bügle sie. Nähe die Öffnungen an den Enden knappkantig zu.

4 Jetzt kannst du den Magnetverschluss mit Handstichen an den Enden festnähen.

Tipp

Die Magnetverschlüsse sind besonders praktisch, weil du dir die Bänder ganz leicht selbst anlegen kannst.

Alles lässig verstaut

Schlampermäppchen, nicht nur für Schlamper

Mäppchen mit deinem Namen

- Außenstoff: Jeansstoff in Dunkelblau, 23 cm x 24 cm
- Innenstoff: Baumwollstoff in Blau-Hellgrün getupft, 23 cm x 24 cm
- Klettverschluss in Dunkelblau, 2 cm breit, 20 cm lang
- Nähgarn in Orange
- Buchstabenknöpfe für deinen Namen, ca. 2 cm lang
- Webband „Monster", 25 cm lang

Mäppchen mit Pünktchen

- Außenstoff: Baumwollstoff in Gelb-Pink getupft, 23 cm x 24 cm
- Innenstoff: Baumwollstoff in Gelb, 23 cm x 24 cm
- Klettverschluss in Weiß, 2 cm breit, 20 cm lang
- Nähgarn in Pink
- Baumwollband in Pink, 1 cm breit, 25 cm lang
- 2 Vierloch-Knöpfe in Gelb, ø 1,5 cm und 2 cm

1 Lege den Außenstoff und den Innenstoff links auf links aufeinander, also mit den schönen Seiten nach außen. Fixiere die Lagen mit einigen Nadeln.

2 Fädle das passende Garn ein und nähe die Stoffe rundherum an den Schnittkanten mit großen Zickzackstichen (Stichlänge 3 mm, Stichbreite 4 mm) zusammen.

3 Bügle die 23 cm langen Kanten jeweils 1 cm breit zum Innenstoff um.

4 Stecke beide Klettstreifen so auf die Innenseite des Mäppchens, dass sie jeweils etwa 0,5 cm entfernt von den umgebügelten Kanten liegen. Anschließend nähst du die Klettstreifen rundherum mit Zickzackstichen (Stichlänge 1,5 mm, Stichbreite 3 mm) fest.

5 Bei dem Mäppchen mit Pünktchen und Buchstabenknöpfen steckst du ca. 7 cm von der oberen Kante entfernt das Band auf den Außenstoff des Mäppchens. Nähe es mit kleinen Zickzackstichen fest.

6 Jetzt nähst du die Buchstabenknöpfe zwischen dem Band und dem Klettverschluss auf. Bei dem Mäppchen mit Pünktchen nähst du die gelben Knöpfe auf das Band. Halte dabei jeweils etwa 4 cm Abstand zu den seitlichen Schnittkanten, damit du die Seitennähte im nächsten Schritt gut mit der Nähmaschine schließen kannst.

7 Falte den Stoff mittig rechts auf rechts und fixiere die Lagen mit einigen Nadeln. Schließe die Seitennähte mit 1 cm Abstand zu den Kanten. Danach kannst du dein Mäppchen wenden und gleich deine Stifte einräumen!

8 Bei dem Mäppchen mit Totenkopf bügelst du zuletzt das Bügelmotiv auf und klebst die Herz-Schmucksteine mit Schmucksteinkleber auf.

Löwen-Schild

für tapfere Ritter

Material

- Jeansstoff, 50 cm x 90 cm
- Baumwollstoff in Hellgrün-Grün gestreift, 35 cm x 40 cm
- Watteline, 4 cm stark, 50 cm x 50 cm
- Vliesofix, 90 cm breit, 40 cm
- Nähgarn in Grün und Blau
- Gurtband in Grün, 4 cm breit, 30 cm lang
- Bastelfilz in Orange und Gelb, je 15 cm x 20 cm

Schnittmusterbogen B

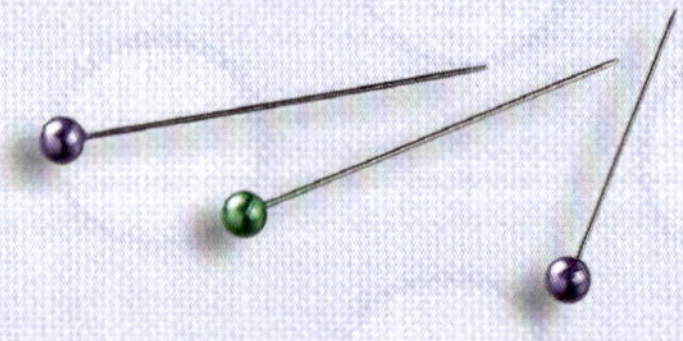

Tipp

Du kannst deinen Schild auch mit weicher Füllwatte ausfüllen und dann als Kissen benutzen. Das sieht toll aus und ist supergemütlich.

1 Übertrage das große Schildschnittmuster zweimal auf den Jeansstoff und schneide beide Teile aus.

2 Stecke das Gurtband mittig auf die rechte Seite eines Schildteils. Halte 8 cm Abstand zur oberen Kante ein und stecke das Band so auf, dass es sich leicht nach oben wölbt, so kannst du später gut deine Hand durchschieben. Falte die Enden 4 cm ein und nähe das Band an beiden Enden wie abgebildet fest.

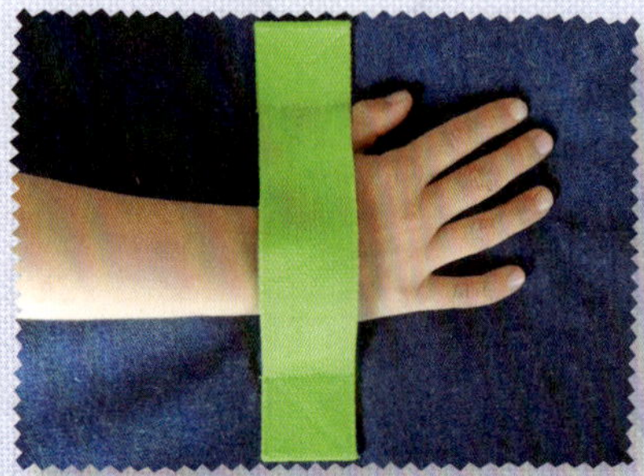

3 Schneide ein 35 cm x 40 cm großes Stück von dem Vliesofix ab. Übertrage das kleinere Schildschnittmuster auf das Trägerpapier des Vliesofix, schneide es aus und bügle es auf die rechte Seite des gestreiften Stoffs. Achte darauf, dass die Streifen waagerecht sind.

4 Schneide das Stoffteil aus und ziehe das Trägerpapier ab. Dann bügelst du es auf die rechte Seite des zweiten Jeans-Schildteiles.

5 Nähe den gestreiften Stoff rundherum mit Zickzackstichen (Stichlänge 2 mm, Stichbreite 4 mm) fest.

6 Stecke die Schildteile rechts auf rechts und nähe sie rundherum mit 1 cm Nahtzugabe zusammen. Lass an der oberen Kante eine Wendeöffnung.

7 Schneide die Nahtzugaben an den Ecken ab, knipse sie an den Rundungen ein und wende den Schild.

8 Übertrage das größere Schildschnittmuster auf die Wattierung und schneide es aus. Schiebe die Wattierung durch die Wendeöffnung in den Schild. Dann nähst du die Wendeöffnung knappkantig zu.

9 Übertrage die Vorlagen für den Löwenkopf auf das restliche Vliesofix. Bügle die Mähne auf den gelben und den Kopf auf den orangefarbenen Filz. Schneide die Teile aus und bügle sie wie abgebildet auf den Schild.

Süße Monsterzwerge

Wer kann denen widerstehen?

Grün-blaues Monster

- Baumwollstoff in Hellblau-Blau getupft, 20 cm x 22 cm und 20 cm x 32 cm
- Baumwollstoff in Hellgrün-Grün gestreift, 12 cm x 20 cm
- Nähgarn in Blau
- Füllwatte
- Bastelfilzreste in Weiß und Schwarz
- Textilkleber
- Textilmalstift in Schwarz
- Knopf in Rot, ø 2 cm
- 2 Pompons in Rot, ø 2 cm

Schnittmusterbogen B

Grün-blaues Monster

1 Stecke das kleinere blau getupfte Stoffrechteck und das grüne Stoffrechteck an einer 20 cm langen Kante rechts auf rechts aufeinander und nähe die beiden Lagen entlang der Kante mit 1 cm Nahtzugabe zusammen. Bügle die Naht.

2 Stecke die zusammengenähten Stoffe rechts auf rechts auf das große Stoffrechteck. Das Schnittmuster legst du so auf, dass die Markierungslinie auf der Nahtlinie der zusammengesetzten Stoffe liegt. Umrande das Schnittmuster mit einem weichen Bleistift.

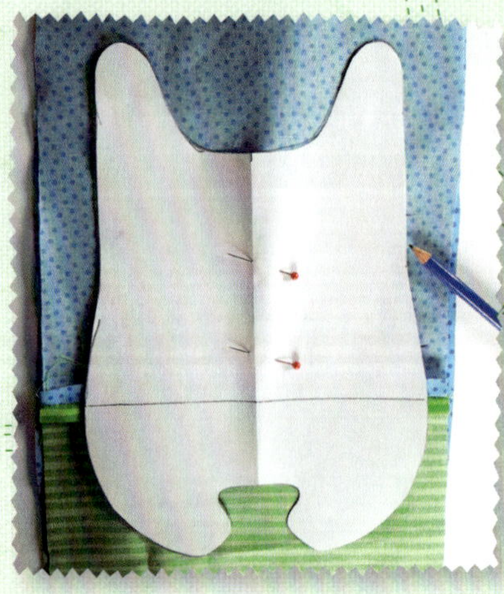

3 Nähe das Monster entlang der Umrandungslinie zusammen, lass dabei an einer Seite eine Wendeöffnung. Schneide die Nahtzugaben auf 1 cm zurück und knipse sie rundherum ein. Knipse an den Innenkurven zwischen den Beinen die Nahtzugaben genau bis zur Naht ein.

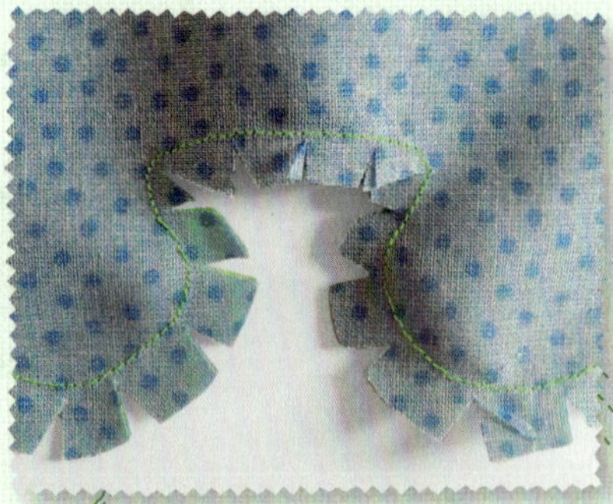

4 Fülle das Monster kuschelig mit Watte. Beginne mit den Fühlern und den Beinen und stopfe anschließend Kopf und Körper aus.

Grünes Monster

- Nickistoff in Hellgrün-Grün getupft, 2 x 20 cm x 30 cm
- Stickgarn in Grün, 1 Strang
- Nähgarn in Grün
- Füllwatte
- Bastelfilzreste in Weiß und Schwarz
- Textilkleber
- Textilmalstift in Schwarz
- Knopf „Pilz", ø 2 cm

Piraten-Monster

- Baumwollstoff in Blau, 2 x 20 cm x 30 cm
- Baumwollstoff in Rot-Weiß gestreift, 12 cm x 20 cm
- Nähgarn in Blau
- Füllwatte
- Bastelfilzreste in Weiß und Schwarz
- Textilkleber
- Textilmalstift in Schwarz
- 2 Knöpfe „Pirat", ø 1,5 cm
- quadratischer Schmuckstein in Silber, 8 mm hoch

Tipp

Die Monster sind für jede Gelegenheit tolle Geschenke. Du kannst sie als Glücksbringer, Tröster oder Kuschelfreund gestalten, wie es dir gefällt. Bestimmt fallen dir viele lustige Outfits für sie ein.

5 Schließe die Wendeöffnung mit Handstichen. Dafür fädelst du einen ca. 50 cm langen Faden in eine Nähnadel und verknotest ein Fadenende. Schiebe die Nadel immer von derselben Seite durch beide Stofflagen.

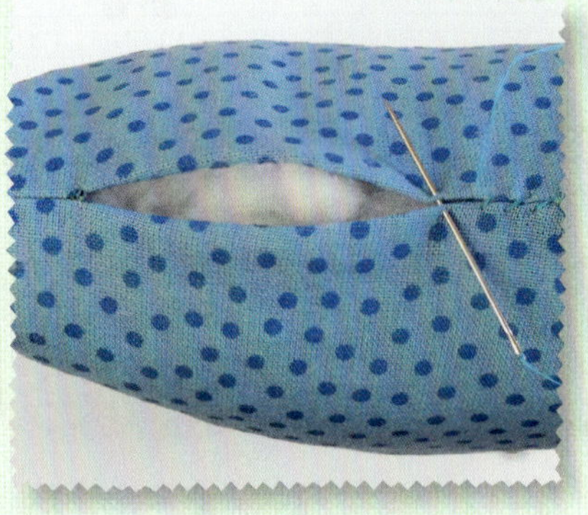

6 Schneide die Augen aus dem Bastelfilz aus und klebe sie mit dem Textilkleber auf. Den Mund malst du mit dem Textilmalstift auf.

7 Zum Schluss nähst du die Pompons mit Handstichen an die Fühler und den Knopf auf die Nahtlinie zwischen Hose und Körper.

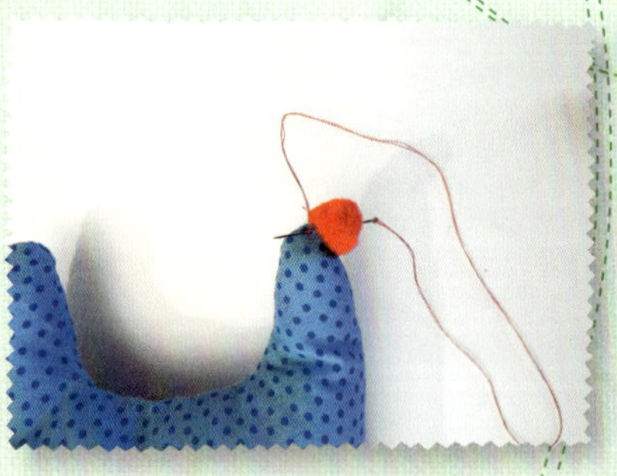

Grünes Monster

1 Für die Haare schneidest du von dem Stickgarn ca. zwanzig 10 cm lange Streifen ab.

2 Arbeite das Monster wie bei dem grün-blauen Monster in Schritt 2 bis 6. Vor dem Zusammennähen schiebst du die Haare an der „Stirn" zwischen die beiden Stofflagen.

3 Zum Schluss nähst du den Knopf auf einen Fühler.

Piraten-Monster

1 Arbeite wie bei dem grün-blauen Monster in Schritt 1 bis 6.

2 Klebe zum Schluss die Augenklappe, das Schwert aus Filz und den Schmuckstein auf und nähe die Piratenknöpfe an die Fühler.

Gütermann
100 m - 110 yds
Gütermann
100 m - 110 yds

Stylische Stirnbänder

ganz individuell

Stirnband in Lila

- Baumwollstoff in Lila-Weiß kariert, 8 cm x 65 cm
- Gummiband, 3 cm breit, 60 cm lang
- Nähgarn in Lila
- Sicherheitsnadel

Schmales Stirnband

- Baumwollstoff in Braun-Weiß getupft, 4 cm x 65 cm
- Gummiband, 1 cm breit, 60 cm lang
- Nähgarn in Braun
- Sicherheitsnadel
- 1 Knopf in Braun mit weißen Blumen, ø 2 cm

Bindeband

- Baumwollstoff in Rosa-Hellgrün gepunktet, 8 cm x 110 cm
- Nähgarn in Rosa
- Sicherheitsnadel

Lilafarbenes Stirnband

1 Falte den Stoff längs rechts auf rechts und fixiere die Stofflagen mit Stecknadeln. Zeichne die Nahtlinie mit 32 mm Abstand zum Stoffbruch auf.

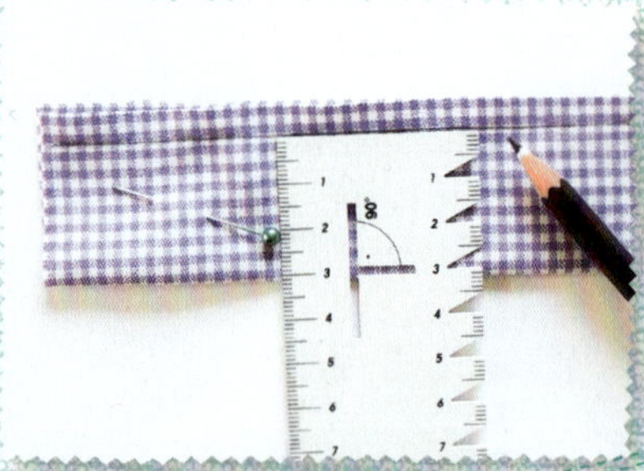

2 Nähe die Stofflagen entlang der Markierungslinie zusammen. Nähe exakt auf der Nahtlinie, damit das Gummi später gut in das Stirnband passt.

3 Zum Wenden befestigst du eine Sicherheitsnadel an der Nahtzugabe und ziehst die Nadel mit dem Stoff durch den Tunnel.

4 Bügle den Streifen so, dass die Naht an einer Kante liegt. Schiebe an einem Ende den Stoff 1 cm nach innen und bügle ebenfalls.

5 Probiere aus, wie lang das Gummiband sein soll, damit dein Stirnband später gut sitzt. Dazu bindest du es einmal straff um deinen Kopf und schneidest es dann auf die passende Länge (ca. 55–60 cm).

6 Befestige die Sicherheitsnadel an dem Gummiband und ziehe es mit der Nadel durch den Stofftunnel.

7 Lass die Enden des Gummibands sich überlappen und nähe sie mit breiten Zickzackstichen aufeinander.

8 Schiebe das umgebügelte Schlauchende über das andere Ende des Schlauches und fixiere die Stofflagen mit Stecknadeln. Nähe die Stofflagen knappkantig fest. Jetzt kannst du dein Stirnband ausprobieren!

Schmales Stirnband

1 Falte den Stoff längs rechts auf rechts und fixiere die Stofflagen mit Stecknadeln.

2 Zeichne die Nahtlinie mit 1,2 cm Abstand zum Stoffbruch auf. Dann arbeitest du weiter wie das breite Stirnband von Schritt 2 bis 8.

3 Zuletzt nähst du den Knopf auf.

Bindeband

1 Das Bindeband ist sehr leicht und schnell zu nähen und sieht toll aus. Arbeite es wie das breite lilafarbene Stirnband von Schritt 1 bis 4.

2 Anschließend schiebst du an beiden Enden den Stoff 1 cm nach innen und nähst ihn knappkantig fest.

Tipp

Besonders schön sehen die Stirnbänder mit gemusterten oder karierten Stoffen aus.

Ssss...

Vorsicht bissige Schlange!

Grüne Schlange

- Baumwollstoff in Grün gemustert, 20 cm x 110 cm
- Baumwollstoff in Grün, 20 cm x 110 cm
- Filzreste in Rot und Orange
- Nähgarn in Grün
- Füllwatte
- Textilkleber

Rote Schlange

- Baumwollstoff in Rot gemustert, 20 cm x 110 cm
- Baumwollstoff in Rot, 20 cm x 110 cm
- Filzreste in Grün und Gelb
- Nähgarn in Rot
- Füllwatte
- Textilkleber

Schnittmusterbogen B

1 Stecke die beiden Stoffteile rechts auf rechts aufeinander. Dann steckst du das Schnittmuster auf und umrandest es mit einem weichen Bleistift. Nimm das Schnittmuster wieder ab.

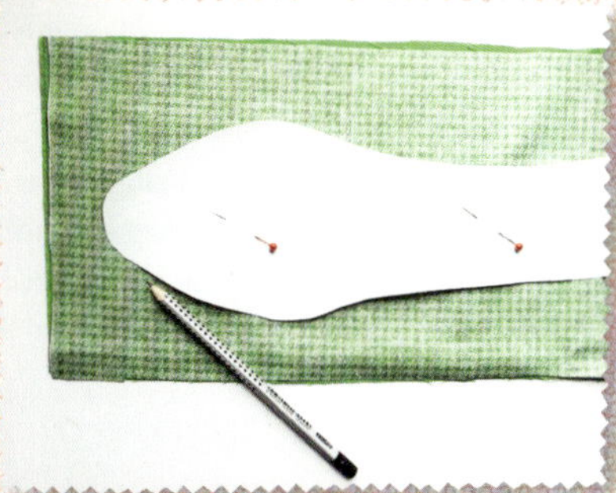

2 Schneide die Zunge aus dem roten Filz aus und schiebe sie im Kopfbereich vorne mit der Spitze nach innen zwischen die Stofflagen. Stecke die Zunge fest.

3 Nähe die Schlange rundherum zusammen, lass dabei die Wendeöffnung aus. Die Zunge nähst du mit fest. Zum Schluss schneidest du an allen Rundungen die Nahtzugaben ein.

4 Jetzt kannst du die Schlange wenden und mit der Watte füllen. Nimm nur wenig Watte auf einmal und beginne mit dem Kopfteil und der Schwanzspitze. Mit dem Ende eines Kochlöffels kannst du die Watte vorsichtig hineinschieben.

5 Schließe die Wendeöffnung mit Handstichen. Schiebe dafür die Nadel immer von derselben Seite durch beide Stofflagen.

6 Jetzt kannst du die Augen mit Textilkleber aufkleben und schon ist die Schlange bereit zum Spielen.

Schwungvoll ins Training

mit selbstgemachten Sportbeuteln

Frosch

- Außenstoff: Baumwollstoff in Hellblau-Grün gepunktet, 2 x 35 cm x 40 cm
- Innenstoff: Baumwollstoff in Hellblau, 2 x 35 cm x 40 cm
- Kordel in Hellblau, ø 8 mm, 3 m lang
- Baumwollband in Hellblau, 1 cm breit, 2 x 10 cm lang
- Bügelmotiv „Frosch"
- Nähgarn in Hellblau

Löwe

- Außenstoff: Baumwollstoff in Grün, 2 x 35 cm x 40 cm
- Innenstoff: Baumwollstoff in Gelb-Weiß kariert, 2 x 35 cm x 40 cm
- Kordel in Orange, ø 8 mm, 3 m lang
- Baumwollband in Gelb, 1 cm breit, 2 x 10 cm lang
- Bügelmotiv „Löwe"
- Nähgarn in Grün

Löwen- und Froschbeutel

1 Stecke jeweils ein Teil des Außen- und des Innenstoffs rechts auf rechts aufeinander. Nähe die Stoffe an einer 35 cm langen Seite mit 1 cm Nahtzugabe zusammen. Bügle die Nahtzugaben auseinander. Dann wiederholst du den Schritt mit den anderen beiden Stoffrechtecken.

2 Lege die zwei zusammengenähten Teile so rechts auf rechts, dass jeweils gleiche Stoffe aufeinanderliegen. Stecke die Lagen mit einigen Stecknadeln fest.

3 Falte die beiden Baumwollbänder jeweils mittig. Dann legst du sie mit den Schlaufen nach innen zeigend an den Längsseiten des Außenstoffes ca. 3 cm von den unteren Rändern entfernt zwischen die Stofflagen und steckst sie fest.

4 Markiere für den Tunnelzug mit einem Bleistift jeweils 3 cm lange Strecken von der bereits genähten Naht ausgehend auf den Längskanten des Außenstoffs. Hier befinden sich später die Öffnungen des Tunnelzugs. An der Schmalseite der Innenstoffe markierst du eine 10 cm große Wendeöffnung.

Stern

- Außenstoff: Baumwollstoff in Flieder, 2 x 35 cm x 40 cm
- Innenstoff: Baumwollstoff in Lila-Braun-Weiß kariert, 2 x 35 cm x 40 cm
- Kordel in Lila, ø 8 mm, 3 m lang
- Baumwollband in Lila, 1 cm breit, 2 x 10 cm lang
- Textilschablone „Stern“ mit Rakel
- Textilfarbe in Weiß
- Nähgarn in Lila

5 Nähe beide Stoffteile rundherum zusammen. Anschließend schneidest du die Nahtzugaben an den Ecken ab und wendest den Beutel. Steppe die Wendeöffnung schmalkantig zusammen und schiebe den Innenbeutel in den Außenbeutel.

6 Für den Tunnelzug markierst du mit dem Trickmarker auf dem Außenbeutel eine Linie im Abstand von ca. 3 cm vom oberen Rand. Danach nähst du den Außenbeutel und Innenbeutel entlang der markierten Linie zusammen.

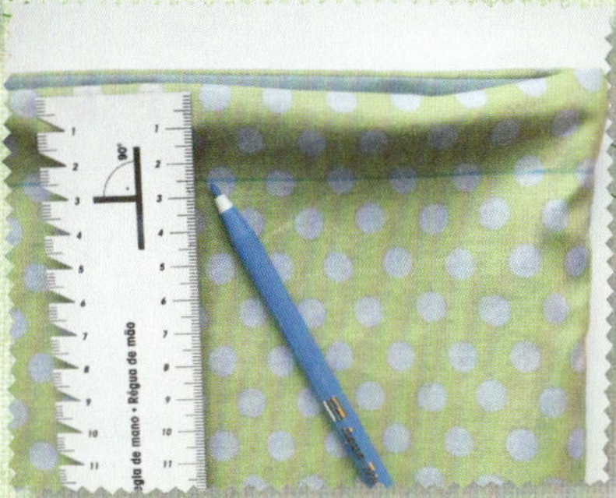

7 Schneide zum Schluss die Tragekordel in zwei gleich große Teile von ca. 150 cm Länge. Ziehe eine Tragekordel durch beide Tunnel und fädle sie durch eine Schlaufe am Beutelboden. Verknote die Kordelenden miteinander. Die zweite Tragekordel ziehst du an der gegenüberliegenden Seite durch beide Tunnel und die andere Schlaufe und knotest die Enden ebenfalls zusammen.

8 Im unteren Bereich des Beutels kannst du jetzt die Bügelmotive „Frosch“ und „Löwe“ aufbügeln. Lass dir dabei von einem Erwachsenen helfen und beachte die Anleitung des Herstellers.

Sternbeutel

1 Für den Sportbeutel mit Stern legst du als ersten Arbeitsschritt die Schablone im unteren Bereich mittig auf eine rechte Seite des lila Stoffs. Trage die Farbe nach Angaben des Herstellers auf und lass sie gut trocknen.

2 Arbeite weiter wie bei dem Frosch- und Löwenbeutel beschrieben.

Tipp

Die Turnbeutel eignen sich auch gut als Aufbewahrungsbeutel in deinem Zimmer. Du kannst Spielsachen hineinräumen und sie an einen oder mehrere Wandhaken hängen.

Loopschal zum Wenden

Mit einer Umdrehung absolut hip!

Schal in Pink-Gelb

- Baumwollstoff in Pink-Gelb gepunktet, 25 cm x 140 cm
- Baumwollstoff in Gelb-Weiß getupft, 25 cm x 140 cm
- Nähgarn in Lila

Schal in Lila-Weiß

- Baumwollstoff in Lila-Weiß gepunktet, 25 cm x 140 cm
- Baumwollstoff in Flieder-Weiß getupft, 25 cm x 140 cm
- Nähgarn in Lila

1 Lege die beiden Stoffrechtecke rechts auf rechts aufeinander und stecke die Lagen mit einigen Nadeln fest.

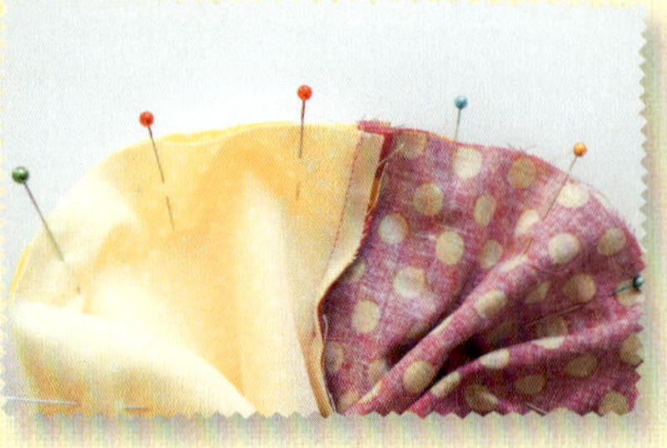

2 Markiere an einer langen Kante von beiden kurzen Seiten ausgehend jeweils eine 6 cm lange Strecke, auf der nicht genäht wird. Nähe die Stoffe innerhalb der Markierung mit 1 cm Nahtzugabe füßchenbreit zusammen. Anschließend nähst du die andere lange Kante komplett mit 1 cm Nahtzugabe füßchenbreit zusammen.

3 Jetzt kannst du den Schlauch wenden und bügeln. Lege den Schlauch zu einem Ring und stecke die kurzen Seiten so rechts auf rechts fest, dass jeweils gleiche Stoffe aufeinanderliegen. Nähe die kurzen Seiten zusammen.

4 Falte die Nahtzugaben an der Wendeöffnung 1 cm breit nach innen und stecke die Stofflagen zusammen.

5 Steppe nun noch die Wendeöffnung knappkantig ab. Schon ist dein Loopschal fertig und du kannst ihn anprobieren.

Tipp

Ist der Stoff, der dir für einen Loopschal gefällt, nicht breit genug? Dann kannst du einfach zwei Rechtecke von 25 cm x 71 cm an den schmalen Kanten zusammennähen und arbeitest den Schal anschließend ab Schritt 1 der Anleitung weiter.

Flippiges Frisbee®

fliegt fantastisch!

Totenkopf

- Baumwollstoff in Blau, 25 cm x 25 cm
- Baumwollstoff in Rot, 25 cm x 25 cm
- Bleiband (aus der Gardinenabteilung), ø 4 mm, 70 cm lang
- Sicherheitsnadel
- Nähgarn in Rot
- Stempel „Totenkopf“
- Textilfarbe in Weiß

Schnittmusterbogen A

1 Pause das Schnittmuster von dem Vorlagenbogen ab und schneide es mit einer Papierschere aus.

2 Übertrage die größere Kreisvorlage mit einem weichen Bleistift auf beide Stoffteile und schneide die Kreise entlang der Markierung aus.

3 Stemple nun das jeweilige Motiv auf die rechte Seite eines oder beider Stoffe. Verwende den Stempel und die Farbe nach Anleitung des Herstellers. Lass die Farbe anschließend gut trocknen.

4 Lege die Stoffkreise rechts auf rechts aufeinander und fixiere sie mit Nadeln. Nähe beide Stoffe rundherum füßchenbreit zusammen und lass dabei eine Öffnung von 6 cm zum Wenden.

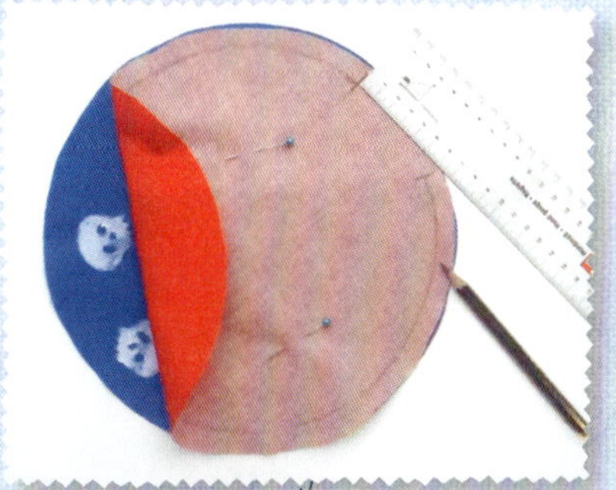

5 Knipse die Nahtzugaben mit der Schere sehr oft ein, damit dein Frisbee® nach dem Wenden schön glatt wird, und wende das Frisbee® anschließend. Schlage die Nahtzugaben der Wendeöffnung 1 cm nach innen und bügle dein Modell.

Ufo

- Baumwollstoff in Hellgrün, 25 cm x 25 cm
- Baumwollstoff in Orange, 25 cm x 25 cm
- Bleiband (aus der Gardinenabteilung), ø 4 mm, 70 cm lang
- Sicherheitsnadel
- Nähgarn in Grün
- Stempel „Ufo“

Eule

- Baumwollstoff in Orange, 25 cm x 25 cm
- Baumwollstoff in Rot, 25 cm x 25 cm
- Bleiband (aus der Gardinenabteilung), ø 4 mm, 70 cm lang
- Sicherheitsnadel
- Nähgarn in Orange
- Stempel „Eule“
- Textilfarbe in Weinrot

6 Lege nun die kleinere Kreisvorlage mittig auf das Frisbee® und umrande sie mit Schneiderkreide oder einem Trickmarker. Dann nähst du entlang der Markierung. So entsteht der Tunnel für das Bleiband.

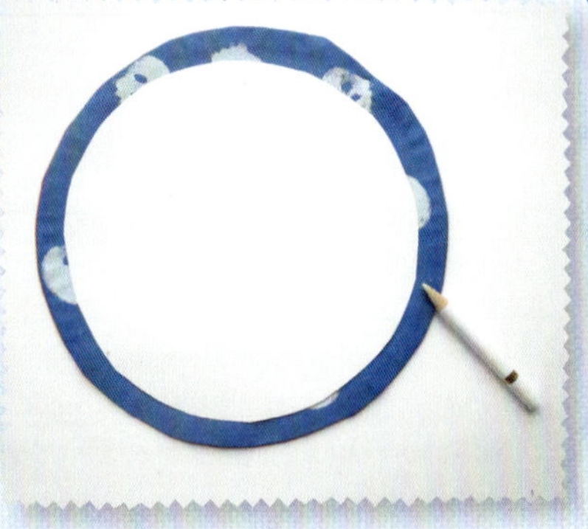

7 Befestige eine Sicherheitsnadel an einem Ende des Bleibandes und ziehe das Band durch den Tunnel. Löse danach an beiden Enden des Bandes einige Bleiteile heraus und vernähe die Enden mit einigen Handstichen miteinander.

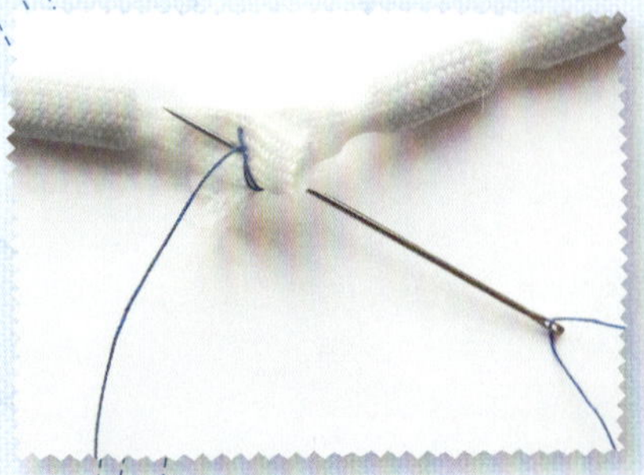

8 Zum Schluss nähst du die Wendeöffnung mit Handstichen zu. Probiere gleich aus, wie dein Frisbee® fliegt!

Tipp

Das Frisbee® fliegt super und lässt sich gut auffangen, weil es so beweglich ist.

Trendiges Haargummi

Für peppige Frisuren

Material

- Baumwollstoff in Türkis-Weiß gepunktet, 10 cm x 50 cm
- Gummiband, 2 cm breit, 20 cm lang
- Nähgarn in Türkis
- Sicherheitsnadel

1 Falte den Stoff rechts auf rechts mittig, so dass die langen Kanten aufeinanderliegen, und stecke die Lagen mit einigen Nadeln fest. Zeichne mit einem Stift die Nahtlinie mit 1 cm Abstand zur Längsseite auf. Markiere mit einem Bleistift von den kurzen Kanten zwei 8 cm lange Strecken, die nicht genäht werden. Nähe zwischen den Markierungen entlang der Linie.

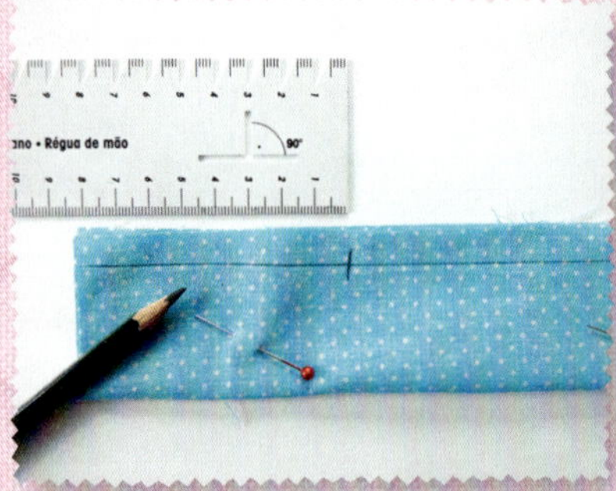

2 Wende das Modell. Stich hierfür eine Sicherheitsnadel in die Nahtzugabe und schiebe mit ihrer Hilfe den Stoff durch den Tunnel.

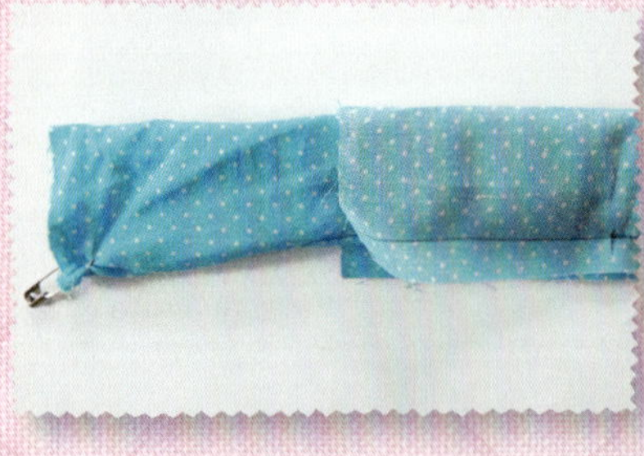

3 Lege die kurzen Kanten rechts auf rechts und nähe sie mit 1 cm Nahtzugabe füßchenbreit zusammen.

4 Ziehe das Gummi mit einer Sicherheitsnadel in den Tunnel. Stecke vorher das hintere Ende des Gummis an dem Stoff fest, damit es nicht mit rutscht.

5 Lege die Enden des Gummis aufeinander und vernähe sie mit Zickzackstichen.

6 Falte die Zugaben an der Wendeöffnung nach innen, stecke die Stoffe aufeinander und nähe die Öffnung knappkantig zu.

Für Könner!

An der Nähmaschine kann dir niemand mehr so leicht etwas vormachen und du suchst nach neuen Herausforderungen? Nähe deine eigenen Taschen in allen Variationen, egal ob mit Knöpfen oder mit Reißverschlüssen verschließbar. Gestalte deine eigenen Badelaken durch das Applizieren von sommerlich frischen Motiven und lerne die niedlichen Waldbewohner auf Seite 90 kennen.

PFAFF

Coole Flaschentasche

Für alle Durstlöscher

Blümchentasche

- Baumwollstoff in bunt geblümt, 28 cm x 50 cm
- Nähgarn in Orange und Gelb
- Baumwollband in Gelb, 1,5 cm breit, 1 m lang
- 2 Knöpfe in Pink, ø 2 cm

Grün gestreift

- Baumwollstoff in Hellgrün-Grün gestreift, 28 cm x 50 cm
- Nähgarn in Grün
- Baumwollband in Orange, 1,5 cm breit, 1 m lang
- 2 Fußball-Knöpfe, ø 2 cm

1 Falte das Stoffrechteck rechts auf rechts längs zusammen, so dass die schönen Seiten aufeinanderliegen. Markiere die Nahtlinie mit 1 cm Abstand zur Längskante.

2 Nähe entlang der Linie. Es entsteht ein langer Schlauch.

3 Wende den Stoff so, dass die rechten Stoffseiten außen liegen. Dann faltest du eine Schlauchhälfte nach innen. Schiebe jetzt eine Stoffhälfte in die andere, so dass die Stoffe links auf links liegen.

4 Jetzt liegen vier Stofflagen übereinander. Markiere an den Schnittkanten eine Nahtlinie mit 1 cm Abstand zu den Kanten und nähe alle Stofflagen zusammen. Die Nahtzugabe versäuberst du mit Zickzackstichen.

5 Lege die genähte Seitennaht auf die Bodennaht und zeichne mit 3,5 cm Abstand zur entstandenen Spitze eine Querlinie zur Bodennaht ein. Wiederhole den Schritt auf der gegenüberliegenden Seite.

Jeanstasche

- Jeansstoff in Blau, 28 cm x 50 cm
- Nähgarn in Blau
- Baumwollband in Blau, 1,5 cm breit, 1 m lang
- 2 Knöpfe in Rot mit weißen Tupfen und Streifen, ø 2 cm
- Bügelmotiv „Segelboot"

Rosa-Rot getupft

- Baumwollstoff in Rot-Rosa getupft, 28 cm x 50 cm
- Nähgarn in Rot
- Baumwollband in Grün, 1,5 cm breit, 1 m lang
- 6 Erdbeer-Knöpfe, ø 2 cm

6 Nähe entlang der Linien. Schneide die Spitzen ab und versäubere anschließend die Nahtzugaben mit Zickzackstichen.

7 Jetzt kannst du deine Flaschentasche wenden. Stecke das Trageband an die Seiten der Tasche. Falte die Enden dabei 1 cm nach innen, so dass die Schnittkanten nicht zu sehen sind. Probiere aus, ob die Tasche die richtige Länge für dich hat. Wenn nicht, kannst du das Band entsprechend anpassen.

8 Nähe die Bandenden mit Zickzackstichen auf dem Stoff fest.

9 Zuletzt nähst du die Knöpfe mit der Hand an. Bei der Jeanstasche bügelst du zum Schluss noch nach Herstelleranleitung das Segelboot auf. Lass dir dabei von einem Erwachsenen helfen.

Sommerfrische Motive

machen dein Handtuch unverwechselbar

Seestern

- Handtuch in Türkis, ca. 48 cm x 100 cm
- Baumwollstoff in Orange-Rot gepunktet, 25 cm x 25 cm
- Vliesofix, 25 cm x 25 cm
- Nähgarn in Rot

Schnittmusterbogen A

Fische

- Handtuch in Orange, ca. 48 cm x 100 cm
- Baumwollstoff in Hellgrün-Grün gestreift, 15 cm x 45 cm
- Vliesofix, 15 cm x 45 cm
- Nähgarn in Grün

Wal

- Handtuch in Grün, ca. 48 cm x 100 cm
- Baumwollstoff in Türkis-Orange gepunktet, 20 cm x 35 cm
- Vliesofix, 20 cm x 35 cm
- Nähgarn in Blau

1 Pause das jeweilige Schnittmuster aus dem Vorlagenbogen ab und übertrage es auf die Papierseite des Vliesofix.

2 Bügle das Vliesofix nach Herstelleranleitung auf die linke Seite des Baumwollstoffs. Lass dir dabei von einem Erwachsenen helfen.

3 Schneide jetzt dein Motiv aus und ziehe anschließend das Papier von dem Vliesofix ab. Lege das Motiv im unteren Bereich auf das Handtuch und bügle es nach Herstelleranleitung darauf fest. Lass dir von einem Erwachsenen helfen.

4 Zuletzt nähst du das Motiv rundherum mit breiten Zickzackstichen (Stichbreite 5 mm, Stichlänge 1 mm) auf. Dabei soll die Nadel immer einmal direkt neben dem Stoff und einmal in den Stoff einstechen. Denke daran, die Nadel im Stoff stecken zu lassen, wenn du den Stoff beim Nähen in den Rundungen neu ausrichtest.

Tipp

Sind die Motive mit dem Vliesofix einmal aufgebügelt, kannst du die Handtücher bei 60 Grad waschen.

Niedliches Seepferdchen

Jetzt auch an Land!

Gelbes Seepferdchen

- Baumwollstoff in Gelb-Weiß getupft, 40 cm x 50 cm
- Nähgarn in Gelb
- Füllwatte
- Filz in Gelb, 10 cm x 15 cm
- Stickgarn in Gelb
- spitze Sticknadel
- Textilfarbe in Schwarz
- Schmucksteine in Grün, 6 x ø 1 cm und 6 x ø 0,5 cm
- Schmucksteinkleber
- Baumwollband in Hellgelb, 1 cm breit, 50 cm lang

Türkisfarbenes Seepferdchen

- Baumwollstoff in Türkis mit Kringeln, 40 cm x 50 cm
- Nähgarn in Türkis
- Füllwatte
- Filz in Hellblau, 10 cm x 15 cm
- Stickgarn in Hellblau
- spitze Sticknadel
- Textilfarbe in Schwarz
- Band in Hellblau-Weiß gepunktet, 1 cm breit, 50 cm lang

Schnittmusterbogen A

1 Pause das Schnittmuster von dem Vorlagenbogen ab. Falte den Stoff rechts auf rechts, so dass die 40 cm langen Kanten aufeinanderliegen, und stecke die Lagen mit einigen Nadeln fest. Stecke das Schnittmuster auf den Stoff, umrande es mit einem weichen Bleistift und übertrage die Markierungen auf den Stoff. Nimm anschließend das Schnittmuster wieder ab.

2 Stelle eine Stichlänge von ca. 1,5 mm ein, damit du beim Nähen besser um die Kurven kommst. Nähe das Seepferdchen zusammen, lass dabei die gepunktete Linie zum Wenden offen. Schneide das Seepferdchen mit 0,5 cm Nahtzugabe aus und knipse die Nahtzugabe in den Rundungen ein. Wende dein Seepferdchen.

3 Jetzt kannst du das Seepferdchen mit der Watte kuschelig füllen. Nimm immer nur wenig Füllwatte auf einmal und beginne mit dem Kringelschwänzchen. Mit dem Ende eines Kochlöffels kannst du die Watte bis in die Spitze schieben. Fülle anschließend die Nase und den Kopf, zum Schluss den Körper.

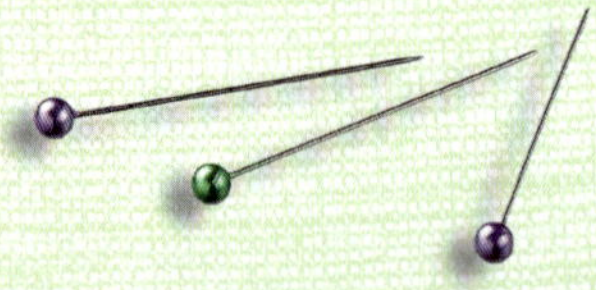

4 Stecke die Wendeöffnung mit Nadeln zu und schließe sie mit Handstichen. Stich dafür die Nadel immer von einer Seite kommend durch beide Stofflagen.

5 Übertrage die Flügelvorlage zweimal auf den Filz und schneide sie aus. Stecke die Flügel auf der Höhe der Markierung im Schnittmuster auf das Seepferdchen. Fädle das gelbe Stickgarn in die spitze Sticknadel ein und nähe die Flügel fest.

6 Male nun die Augen auf. Tauche dafür das Ende eines runden Bleistifts in die schwarze Textilfarbe und tupfe anschließend die Augenpunkte auf das Gesicht des Seepferdchens.

7 Zuletzt kannst du die Schmucksteine aufkleben – jeweils drei größere Steine auf die Flügel und drei kleinere über die Augen. Binde zum Schluss das Baumwollband als Schleife um den Hals. Jetzt kann dein Seepferdchen losschwimmen!

Treue Waldbewohner

Gar nicht scheu!

Fuchs

- Mini-Cord in Orange, 40 cm x 70 cm
- Füllwatte
- Nähgarn in Orange
- Stickgarn in Rot
- spitze Sticknadel
- Filzreste in Weiß, Schwarz und Grün
- Pompon in Schwarz, ø 2 cm
- Bügelmotiv „Fliegenpilz"
- Textilkleber

Schnittmusterbogen B

Tipp

Du kannst den Pilz beim Fuchs auch aus Filzresten in Weiß und Rot ausschneiden und mit Textilkleber auf den Fuchs kleben.

Fuchs

1 Falte den Stoff rechts auf rechts mittig zusammen und stecke die Schnittmuster für Fuchs und Fuchsschwanz mit einigen Nadeln darauf fest. Umrande die Schnittmuster mit einem weichen Bleistift und nimm sie wieder ab.

2 Nähe den Fuchskörper und den Schwanz entlang der Markierungslinien zusammen, lass dabei die Wendeöffnungen und die Aussparungen für die Bodendreiecke aus. Knipse die Nahtzugaben an den Rundungen ein und schneide sie an den Ecken ab.

3 Lege nun bei dem Fuchs die Seitennähte auf die Bodennaht und nähe die Bodennähte mit 1 cm Nahtzugaben füßchenbreit zusammen.

4 Jetzt kannst du Fuchs und Fuchsschwanz wenden. Bügle das Pilzmotiv nach Herstelleranleitung auf. Lass dir dabei von einem Erwachsenen helfen.

5 Fülle anschließend beide Teile mit Watte. Nimm nur wenig Füllwatte auf einmal, dann kannst du sie besser verteilen.

6 Falte die Nahtzugaben des Fuchskörpers an der Wendeöffnung nach innen und stecke sie mit Nadeln fest. Fädle das rote Stickgarn in die Sticknadel ein und verknote ein Ende des Garnes. Stich immer von einer Seite aus durch beide Stofflagen, um die Wendöffnung zu schließen.

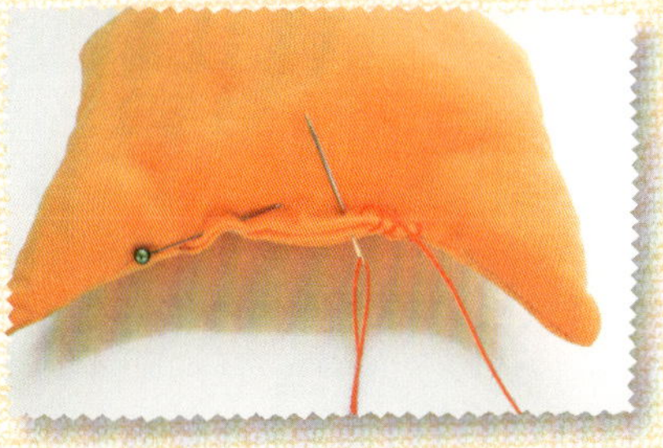

7 Falte die Nahtzugaben des Schwanzes 1 cm nach innen und stecke den Schwanz an das Hinterteil des Fuchses. Nähe den Schwanz im unteren Bereich mit dem Stickgarn fest, schließe dabei die Wendeöffnung.

8 Schneide die Gesichtsteile aus dem Filz aus und klebe sie mit Textilkleber auf. Den Pompon ebenfalls aufkleben.

Eule

- Baumwollstoff in Türkis-Weiß getupft, 40 cm x 50 cm
- Füllwatte
- Nähgarn in Türkis und Gelb
- Stickgarn in Türkis
- spitze Sticknadel
- Filz in Türkis, 10 cm x 20 cm
- Filzreste in Lila, Weiß und Schwarz
- 2 Pompons in Gelb, ø 2 cm
- Textilkleber

Eule

1 Arbeite den Körper entsprechend wie bei dem Fuchs beschrieben.

2 Nähe die Pompons mit Handstichen an den Ohren der Eule fest.

3 Dann nähst du die oberen Ränder der Flügel mit dem Stickgarn in groben Stichen an den Seiten der Eule fest.

Tipp

Du kannst Fuchs und Eule auch als Türstopper oder Buchstütze benutzen. Fülle dafür das Modell in Schritt 5 nur im oberen Bereich mit Watte aus. In den unteren Körperbereich schiebst du eine Tüte mit Sand oder Füllgranulat. Arbeite dann ab Schritt 6 weiter.

Farbenfrohes Etui

Braucht man immer!

Eule

- Baumwollstoff in Pink-Weiß getupft, 24 cm x 30 cm
- gewachster Baumwollstoff in Grün-Weiß gepunktet, 24 cm x 30 cm
- Reißverschluss in Grün, 20 cm lang
- Nähgarn in Grün
- Bügelmotiv „Eule“
- 2 Eulenknöpfe, ø 1,8 cm
- Filzrest in Grün
- Band in Grün, 5 mm breit, 10 cm lang

Eulenetui

1 Lege den Außenstoff mit der rechten Seite nach oben auf den Tisch. Jetzt legst du den Reißverschluss wie abgebildet an eine schmale Kante des Stoffs. Der Zipper liegt dabei auf dem Außenstoff des Etuis. Stecke den Innenstoff rechts auf rechts darauf und fasse dabei den Reißverschluss mit.

2 Setze das Reißverschlussfüßchen an der Nähmaschine ein, damit du dicht an den Reißverschlusszähnchen nähen kannst. Nähe die beiden Stofflagen mit dem Reißverschluss zusammen.

3 Falte den Außenstoff mittig rechts auf rechts zusammen, so dass die zweite schmale Stoffkante an dem anderen Rand des Reißverschlusses liegt. Den Innenstoff faltest du ebenso. Nähe wieder beide Lagen mit dem Reißverschluss zusammen.

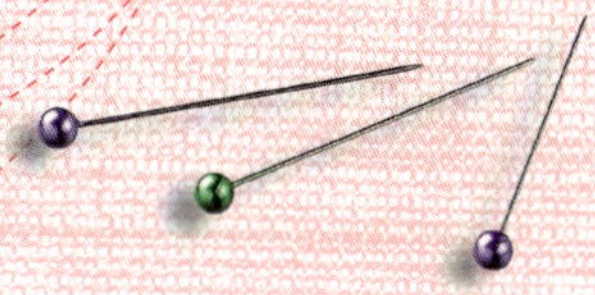

Wale (mit Lamifix)

- Baumwollstoff in Hellblau mit blauen Walen, 2 x 24 cm (Breite) x 16 cm (Höhe)
- Baumwollstoff in Hellblau-Orange gepunktet, 24 cm x 30 cm
- Lamifix, 2 x 24 cm x 16 cm
- Reißverschluss in Rot, 20 cm lang
- Nähgarn in Grün
- Fischperle, 2,5 cm lang
- 2 Perlen in Rot und Gelb, ø 5 mm
- Perlonband zum Auffädeln, 30 cm lang

Punkte (gewachst)

- gewachster Baumwollstoff in Grün-Pink gepunktet, 2 x 24 cm x 30 cm
- Reißverschluss in Pink, 20 cm lang
- Nähgarn in Pink
- 3 Perlen in Pink, ø 5 mm
- Anhänger „Matroschka“
- Perlonband zum Auffädeln, 30 cm lang

4 Lege das Modell so auf den Tisch, dass der Innenstoff auf einer Seite und der Außenstoff auf der anderen Seite des Reißverschlusses liegt. Nähe beide Seitenränder zusammen, lass dabei an einer Seite im Bereich des Innenstoffs eine 6 cm lange Öffnung zum Wenden. Öffne den Reißverschluss ca. 5 cm, bevor du nähst, damit du das Täschchen anschließend wenden kannst!

5 Jetzt kannst du das Etui wenden. Nähe die Wendeöffnung schmalkantig zu.

6 Bügle das Bügelmotiv nach Herstelleranleitung auf.

7 Schneide zwei Kreise mit ca. 4 cm Durchmesser aus dem grünen Filz und knipse sie rundherum ein. Lege die Knöpfe darauf und nähe jeweils beides zusammen auf das Etui. Das grüne Band ziehst du durch den Zipper und verknotest es.

Waletui

1 Bügle das Lamifix auf die rechten Seiten der Walstoffe, so bekommt der Stoff eine Oberfläche, die abwaschbar ist.

2 Nähe die Walstoffe an der unteren Längsseite mit 1 cm Nahtzugabe zusammen. Achte darauf, dass die Wale nicht auf dem Kopf stehen.

3 Dann arbeitest du weiter wie bei der Eule von Schritt 1–5 beschrieben.

4 Ziehe zuletzt die Fischperle mit den beiden anderen Perlen auf das Perlenband auf und knote es am Reißverschlusszipper fest.

Etui mit Punkten

1 Arbeite wie beim Eulenetui in Schritt 1–5.

2 Zuletzt fädelst du die Perlen und die Matroschka auf das Perlonband und knotest es an dem Reißverschlusszipper fest.

Tipp

Der gewachste Baumwollstoff mit Punkten lässt sich nicht nur gut nähen. Du kannst dein Etui auch mit einem feuchten Tuch abwischen, wenn es einmal Flecken bekommen hat.

Blume (wattiert)

- Baumwollstoff in Lila-Weiß kariert, 24 cm x 30 cm
- Baumwollstoff in Hellgrün-Weiß kariert, 24 cm x 30 cm
- dünne wattierte Vlieseline zum Aufbügeln, 24 cm x 30 cm
- Reißverschluss in Lila, 20 cm lang
- Nähgarn in Lila
- Bügelmotiv „Blume“
- Accessoire-Anhänger mit Ring
- Band in Rosa mit weißen Punkten, 0,5 cm breit, 30 cm lang
- Band in Orange-Weiß kariert, 0,5 cm breit, 30 cm lang
- Band in Lila mit weißer Sticklinie, 0,5 cm breit, 30 cm lang
- 3 Perlen in Orange, Rot und Gelb, ø 1 cm
- Klebstoff

Blumenetui

1 Bügle die Wattierung auf die linke Seite des karierten Stoffs.

2 Arbeite weiter wie bei der Eule ab Schritt 1 beschrieben.

3 Ziehe zuletzt den Accessoire-Anhänger durch den Zipper des Reißverschlusses und verknote die Enden. Befestige daran die Bänder und stecke an jedes Bandende eine Perle. Klebe die Perlen mit Klebstoff fest.

Echter Geheimnisträger

Alles Wichtige lässig verstaut

Tasche „Pilz"

- Jeansstoff in Dunkelblau, 60 cm x 100 cm
- 4 Knöpfe in Weiß mit roten Punkten, ø 1,5–2,5 cm
- Bügelmotiv „Pilz"
- Webband „Pilze", 1,5 cm breit, 80 cm lang
- Taschenband in Rot, 2,5 cm breit, 1,2 m lang
- Nähgarn in Blau

Schnittmusterbogen B

1 Pause die beiden Schnittmuster von dem Vorlagenbogen ab, übertrage alle Markierungen und schneide sie mit einer Papierschere aus.

2 Stecke das große Taschenschnittmuster zweimal auf den Jeansstoff und umrande es mit einem weichen Bleistift. Achte darauf, die Wendeöffnung zu kennzeichnen. Nimm das Schnittmuster wieder ab und schneide entlang der Linien beide Taschenteile aus.

3 Schneide das Schnittmuster für die kleine aufgenähte Tasche einmal aus dem restlichen Stoff aus.

4 Bügle die kleine Tasche entlang der Markierungslinie. Lass dir von einem Erwachsenen dabei helfen. Bügle zuerst die obere Kante des Täschchens 2 cm auf die linke Stoffseite. Anschließend bügelst du die seitlichen und unteren Ränder je 1 cm nach links.

5 Schneide ein 15 cm langes Stück von dem Webband ab. Stecke das Band ca. 1 cm von der oberen umgebügelten Kante entfernt auf die rechte Seite des Täschchens. Nähe das Band an beiden Rändern mit kleinen Zickzackstichen (Stichlänge 2 mm, Stichbreite 2 mm) fest.

6 Stecke nun die kleine Tasche auf die rechte Seite eines großen Taschenteils. Der Abstand vom linken seitlichen Rand und vom unteren Rand sollte 6–7 cm betragen. Nähe das Täschchen knappkantig fest.

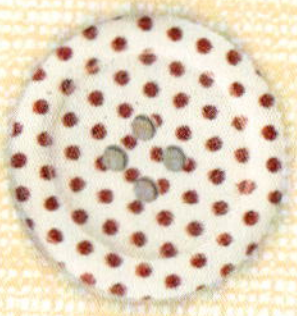

Love
BARBURY STATE
SWIM TEAM
A Proud Student Tradition

Tasche „Love"

- Jeansstoff in Hellblau, 60 cm x 100 cm
- 6 Knöpfe mit Kreismustern in Grün, Pink und Dunkelrot, ø 2 cm
- Bügelmotiv „Love"
- Band in Hellblau-Blau-Pink gestreift, 1 cm breit, 80 cm lang
- Taschenband in Blau, 2,5 cm breit, 1,2 m lang
- Nähgarn in Lila

Schnittmusterbogen B

7 Stecke die großen Taschenteile rechts auf rechts aufeinander und nähe sie zusammen. Lass dabei die Wendeöffnung offen. Schneide anschließend rundherum die Nahtzugaben ein.

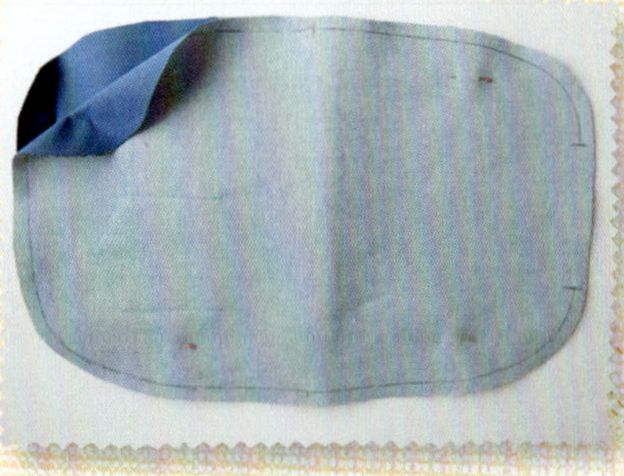

8 Wende die Tasche und nähe die Wendeöffnung knappkantig zu.

9 Schiebe die Taschenhälfte ohne aufgenähtes Täschchen als Taschenfutter nach innen. Stecke das Trageband an einer Seitennaht in die Tasche und nähe es wie abgebildet fest. Probiere aus, wie lang das Band sein soll. Dann schneidest du es entsprechend zu und nähst es an der anderen Seitennaht fest.

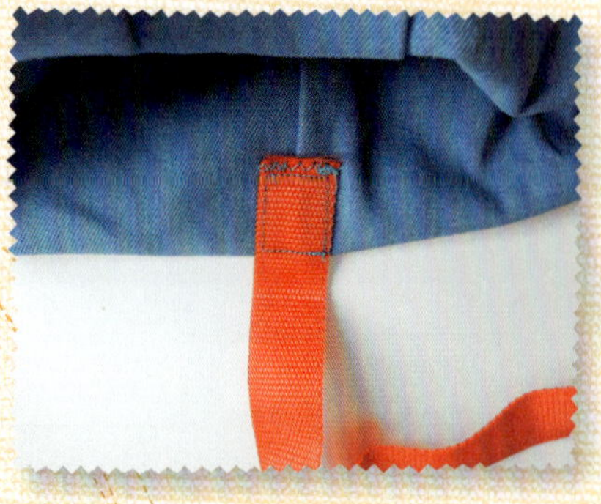

10 Stecke nun das Webband an die obere Kante der Tasche und nähe es rundherum fest.

11 Zuletzt nähst du einen Knopf auf die kleine Tasche. Die anderen Knöpfe verteilst du unregelmäßig auf der Tasche und nähst sie ebenfalls fest.

Tipp

Du kannst die Tasche natürlich auch aus anderen Stoffen nähen. Wenn du dünnere Stoffe verwendest, bügle vor dem Nähen auf die linke Seite aller Taschenteile Vlieseline auf (siehe Seite 10), damit die Tasche stabil wird. Achte darauf, dass die Vlieseline für deinen Stoff geeignet ist.

Love

Für Meisterköche

Schürze und Geschirrhandtuch

Rot-weiß gepunktet

- Baumwollstoff in Weiß mit roten Punkten, 75 cm x 90 cm
- Schrägband in Rosa-Rot getupft, 4,1 m lang
- Baumwollband in Gelb, 1,5 cm breit, 1 m lang
- Nähgarn in Rot

Schnittmusterbogen A

Schürze

1 Pause das Schnittmuster von dem Vorlagenbogen ab, übertrage alle Markierungen und schneide es mit einer Papierschere aus.

2 Stecke das Schnittmuster mit einigen Nadeln auf dem Stoff fest und umrande es mit einem weichen Bleistift. Entferne das Schnittmuster und schneide den Schürzenstoff entlang der Umrandungslinie aus.

3 Schneide das Schrägband in Stücke von 1 x 22 cm, 1 x 52 cm, 2 x 45 cm und 2 x 120 cm.

4 Stecke zuerst das 22 cm lange Schrägband auf die obere Kante der Schürze und das 52 cm lange Schrägband auf die untere Kante der Schürze.

5 Nähe die Schrägbänder von der rechten Stoffseite aus knappkantig mit kleinen Zickzackstichen (Stichlänge 2 mm, Stichbreite 2 mm) fest. Schneide eventuell überstehende Bandenden ab.

Orange mit grünem Band

- Baumwollstoff in Orange, 75 cm x 90 cm
- Schrägband in Hellgrün-Grün getupft, 4,1 m lang
- Baumwollband in Grün, 1 cm breit, 15 cm lang
- Nähgarn in Grün

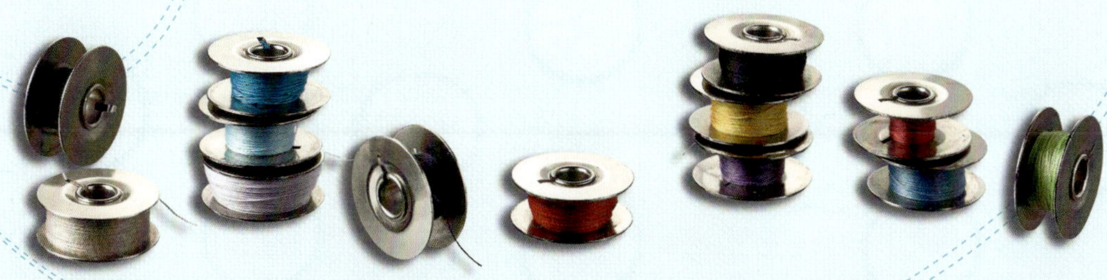

Hellblau mit beigefarbenem Band

- Leinen in Hellblau, 75 cm x 90 cm
- Schrägband in Beige-Weiß getupft, 4,1 m lang
- Baumwollband in Beige, 1 cm breit, 15 cm lang
- Nähgarn in Beige

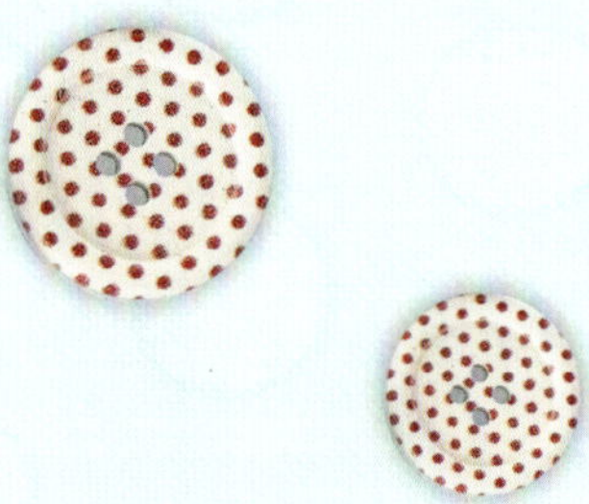

6 Stecke nun die 45 cm langen Schrägbänder an die beiden Seiten der Schürze. Schlage am unteren Rand der Schürze die Schrägbänder jeweils 1 cm ein und stecke sie fest. Nähe die Schrägbänder mit kleinen Zickzackstichen fest.

7 Stecke zuletzt die beiden langen Schrägbänder an die Rundungen. Lass für die Bindebänder am Hals die Schrägbänder an der oberen Kante der Schürze 35 cm lang überstehen. Für die Bindebänder am Rücken lässt du die Schrägbänder seitlich 50 cm lang überstehen. Stecke auch die überstehenden Schrägbänder mit Stecknadeln zusammen.

8 Nähe zuerst die Schrägbänder an der Schürze fest und dann die Bindebandstücke zusammen.

9 Verknote die Enden der überstehenden Bindebänder, damit sie nicht ausfransen. Jetzt kannst du deine Schürze anprobieren.

Geschirrhandtuch

1 Schneide aus dem restlichen Baumwollstoff ein Rechteck von 40 cm x 55 cm zu.

2 Bügle die Kanten des Rechteckes 1 cm nach links. Schlage die Kanten erneut 1 cm nach links um und bügle sie noch einmal. Fixiere die eingebügelten Kanten mit Nadeln.

3 Falte das Baumwollband zur Schlaufe, schiebe es an einer Ecke des Rechtecks unter die umgebügelte Kante und stecke es fest. Nähe die Stoffkanten rundherum knappkantig fest.

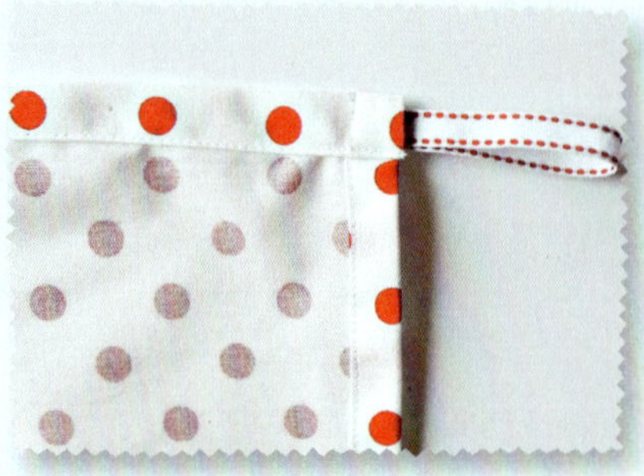

Tipp

Du kannst die Schürze auch aus gewachstem Baumwollstoff arbeiten. Er lässt sich gut vernähen und du kannst Flecken, die beim Kochen entstehen, gleich mit einem feuchten Tuch abwischen.

Coole Outdoortasche

für Fernglas, Taschenmesser & Co.

Grüne Tasche

- Mini-Cord in Grün, 65 cm x 45 cm (Breite x Höhe)
- Vlieseline zum Aufbügeln, 30 cm x 45 cm
- Gurtband in Braun, 3 cm breit, 20 cm lang
- 2 Karabiner in Silber, 25 mm x 50 mm
- Gummiband in Hellgelb, ø 2 mm, 30 cm lang
- Nähgarn in Grün

Braune Tasche

- Mini-Cord in Braun, 65 cm x 45 cm (Breite x Höhe)
- Vlieseline zum Aufbügeln, 30 cm x 45 cm
- Gurtband in Braun, 3 cm breit, 20 cm lang
- 2 Karabiner in Silber, 25 mm x 50 mm
- Gummiband in Orange, ø 2 mm, 30 cm
- Nähgarn in Braun

1 Schneide je ein Rechteck von 25 cm x 38 cm (Breite x Höhe) aus dem Cordstoff und der Vlieseline und ein Rechteck von 35 cm x 27 cm (Breite x Höhe) aus dem Cordstoff zu. Bügle die Vlieseline auf die linke Seite des gleich großen Cordstoffs.

2 Falte das Cordstoffteil mit der Vlieseline mittig rechts auf rechts, so dass die 25 cm langen Kanten aufeinanderliegen. Schneide das Gurtband in zwei 10 cm lange Stücke. Schiebe die Gurtbänder mittig gefaltet an beiden Seiten mit 1 cm Abstand zum Stoffbruch zwischen die Stofflagen. Die Schlaufen der Gurtbänder liegen dabei innen, die Schnittkanten liegen bündig mit den Stoffkanten. Stecke alles mit Nadeln fest.

3 Nähe die Stofflagen rundherum zusammen, lass dabei an der unteren Kante eine Wendeöffnung von 10 cm. Schneide die Nahtzugaben an den genähten Ecken ab und wende das Modell. Nähe die Wendeöffnung knappkantig zu. Jetzt ist das Rückteil deiner Outdoortasche fertig.

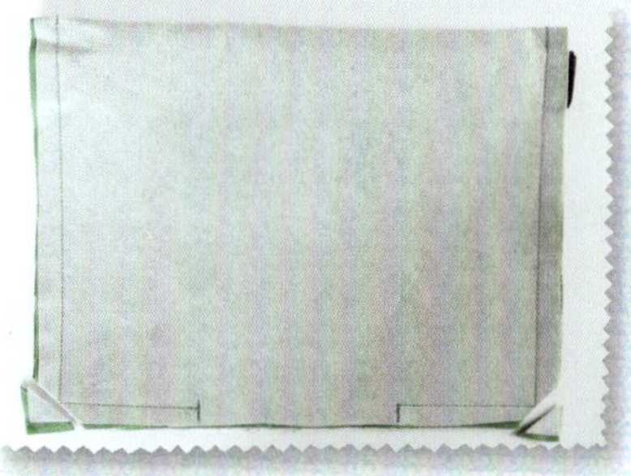

4 Für das Taschenteil faltest du das andere Cordrechteck so rechts auf rechts, dass die 35 cm langen Kanten aufeinanderliegen. Nähe die Lagen mit 1 cm Nahtzugabe an einer Schmalseite und der langen Kante zusammen. Schneide die Nahtzugabe an der Ecke ab und wende das Teil. Schlage die Nahtzugaben an der Wendeöffnung 1 cm nach innen ein.

5 Stecke den Taschenstoff jetzt auf das Rückteil. Lege den Stoffbruch nach unten, damit später die Stofflagen an der unteren Kante nicht zu dick werden. Lass zu den seitlichen Rändern und dem unteren Rand jeweils 1 cm Abstand. Nähe den Taschenstoff an den beiden Schmalseiten knappkantig fest.

6 Miss jetzt 14 cm von links nach rechts auf dem Taschenstoff ab und markiere die Stelle mit Schneiderkreide. Miss anschließend noch einmal 7 cm ab und mache eine weitere Markierung.

Tipp

Mit dieser praktischen Tasche an der Hose hast du bei deinen Aktivitäten drinnen und draußen immer die Hände frei.

7 Stecke den Taschenstoff an der ersten Markierungslinie mit 9 cm Abstand zur linken genähten Kante auf das Rückteil. Die zweite Markierungslinie steckst du mit 8 cm Abstand zur rechten festgenähten Kante auf. Nähe die Lagen entlang der Markierungslinien fest.

8 Falte die Stoffweite am unteren Rand jeweils etwas ein, stecke alle Lagen fest und nähe den Taschenstoff knappkantig an.

9 Damit deine Outdoor-Ausrüstung draußen nicht so leicht aus der Tasche fällt, kannst du zur Sicherheit ein Gummiband aufnähen. Nähe dafür das Gummi jeweils an den seitlichen Rändern des Taschenstoffs und an den Mittelnähten fest. Drücke die Taschenbeutel etwas herunter, damit du das Gummiband flach auflegen kannst. Verknote die Enden und schneide sie ab.

10 Jetzt kannst du die Karabiner an den Gurtschlaufen befestigen und die Oudoortasche an deine Hose hängen.

Schön verpackt

Täschchen mit Klettverschluss

Material

- Baumwollstoff in Grün gemustert mit Tiermotiven, 22 cm x 36 cm
- Mini-Cord in Blau, 22 cm x 36 cm
- dünne Watte-Vlieseline zum Aufbügeln, 22 cm x 36 cm
- Klettband in Rot, 1,5 cm breit, 15 cm lang
- Filz in Gelb, 12 cm x 22 cm, 1 mm stark
- Nähgarn in Rot

1 Bügle die Vlieseline auf die Rückseite des Cordstoffs.

2 Lege die Stoffe rechts auf rechts und stecke die Lagen mit Nadeln fest. Markiere an der oberen Schmalseite eine Nahtlinie mit 1 cm Abstand zur Kante. Achte darauf, dass die Tiere nicht auf dem Kopf stehen. Nähe die Stofflagen entlang der Markierung zusammen.

3 Falte die Stoffe so, dass die rechten Seiten außen liegen, und stecke sie mit Nadeln fest. Schneide von dem rauen Klettbandteil ein 14 cm langes Stück ab. Stecke es ca. 3 cm entfernt von der genähten Kante auf und nähe es mit Zickzackstichen (Stichlänge 1,5 mm, Stichbreite 3 mm) fest. Dabei sticht die Nadel abwechselnd einmal direkt neben dem Klettband in den Taschenstoff und einmal in das Klettband.

4 Stecke den Filz bündig an die genähte Kante des blauen Cordstoffes. Nähe ihn dann mit 1 cm Nahtzugabe an der unteren Schnittkante auf den Stoffen fest. So erhältst du eine Innentasche.

5 Falte nun die Stoffe wie abgebildet zusammen: Lege zuerst die genähte Kante mit 13 cm Abstand zur Schnittkante des Cordstoffs auf den Cord. Anschließend faltest du den gemusterten Stoff darüber. Markiere an der oberen Kante und an den beiden Seitennähten die Nahtlinien mit 1 cm Nahtzugabe. Lass an der oberen Kante eine Wendeöffnung von ca. 10 cm frei.

6 Nähe die Stofflagen entlang der Nahtlinien zusammen. Schneide danach die Nahtzugaben an den beiden genähten Ecken ab. Wende die Tasche und nähe die Wendeöffnung knappkantig zu.

7 Schneide von dem flauschigen Klettbandteil zwei 7 cm lange Stücke ab. Stecke die Klettstücke je 4 cm von den Seiten und 3 cm von der oberen Kante entfernt auf die Innenseite der Taschenklappe. Nähe die Klettstücke mit Zickzackstichen (Stichlänge 1,5 mm, Stichbreite 3 mm) wie in Schritt 3 beschrieben fest.

Ina Andresen

Ina Andresen ist in Hamburg geboren und hat bereits im Alter von fünf Jahren ihre erste Nähmaschine erhalten. Dieses Modell, das noch per Handrad angetrieben wurde, hatte ihr der Vater aus England mitgebracht. So nähte sie bereits im Alter von fünf Jahren Kleider für ihre Puppen und Kuscheltiere. Nach dem Abitur hat sie schließlich Modedesign studiert und außerdem das professionelle Nähen bei der Couture-Schneiderin Eva-Maria Zorn in Hamburg gelernt. Zu dieser Zeit hat sie die elektrische und schöne, alte, gusseiserne Nähmaschine der Großmutter bekommen, auf der sie heute noch näht und die ein wunderbares Stichbild hat. Heute lebt Ina Andresen mit ihrem Mann und 3 Kindern in Ottenhöfen im Schwarzwald.

DANKE!

Bedanken möchte ich mich bei

- Carolin Eichenlaub für die gute Zusammenarbeit
- meiner Familie für das liebe Interesse und einige Ideen
- meinen Eltern, dass sie mir so früh schon das Nähen beigebracht haben
- Antje, Elke und Susanne für einige Tipps
- den Kindern, die auf den schönen Fotos zu sehen sind

DANKE!

Ich danke den Firmen Coats (Kenzingen), Efco (Rohrbach), Farbenmix (Schortens), Hotex (Cham), Marabu (Tamm), Prym (Stolberg), Rayher Hobby (Laupheim), Rico (Brakel), Union Knopf (Bielefeld) und Westfalenstoffe (Münster) für die freundliche Unterstützung mit Materialien.

KREATIV-HOTLINE

Hilfestellung zu allen Fragen, die Materialien und Bastelbücher betreffen: **Frau Erika Noll** berät Sie. Rufen Sie an oder schreiben Sie eine E-Mail!

Telefon: 0 50 52 / 91 18 58* E-Mail: mail@kreativ-service.info

*normale Telefongebühren

MODELLE: Ina Andresen
FOTOS: frechverlag GmbH, 70499 Stuttgart; lichtpunkt, Michael Ruder, Stuttgart
SCHRITTFOTOS: Ina Andresen
PRODUKTMANAGEMENT: Carolin Eichenlaub
LEKTORAT: Dr. Christine Schlitt
LAYOUTENTWICKLUNG: Katrin Röhlig
LAYOUTUMSETZUNG: Medienfabrik, Stuttgart
DRUCK: Neografia, Slowakei

1. Auflage 2014

ISBN 978-3-7724-5675-6
Best.-Nr. 5675